F. NAEF

La Réforme en Bourgogne

NOTICE

SUR LES ÉGLISES RÉFORMÉES DE LA BOURGOGNE
AVANT LA RÉVOCATION DE L'ÉDIT DE NANTES

Éditée et augmentée d'une préface, de notes,
de deux appendices, d'une carte et de photographies,

PAR

R. CLAPARÈDE

PARIS

LIBRAIRIE FISCHBACHER
(Société anonyme)
33, RUE DE SEINE, 33
1901

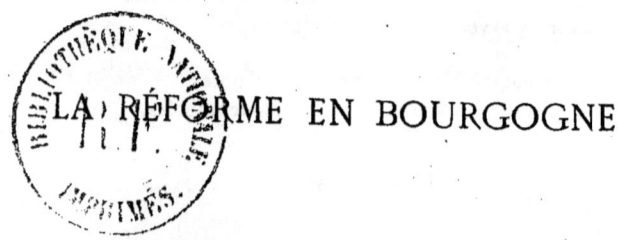

LA RÉFORME EN BOURGOGNE

DU MÊME AUTEUR :

Histoire de la Réformation............ 1 vol.
Histoire de l'Église chrétienne......... 1 —.
Abrégé de l'Histoire des Églises réformées du pays de Gex, par Théodore Claparède.............................. 1 —

DE THÉODORE CLAPARÈDE :

Histoire des Églises réformées du pays de Gex, 1 fort vol. in-8°............... épuisé
Histoire de la Réformation en Savoie... 1 vol.

Droits de reproduction et de traduction réservés pour tous les pays, y compris la Suède, la Norvège et le Danemark.

F. NAEF

La Réforme en Bourgogne

NOTICE
SUR LES ÉGLISES RÉFORMÉES DE LA BOURGOGNE
AVANT LA RÉVOCATION DE L'ÉDIT DE NANTES

Editée et augmentée d'une préface, de notes,
de deux appendices, d'une carte et de photographies,

PAR

R. CLAPARÈDE

PARIS
LIBRAIRIE FISCHBACHER
(Société anonyme)
33, RUE DE SEINE, 33
1901

RUINES DE CHATEAU
à Villarnoul
un des fiefs de l'illustre famille de Jaucourt.

PRÉFACE

—

F. NAEF (1825-1897)

M. F. Naef, ancien pasteur de Céligny, était retiré depuis plusieurs années de la vie active lorsqu'il rédigea, d'après des notes inédites de son ami intime Théodore Claparède (mort en 1888), ses *Notices sur les anciennes Églises réformées de la Bourgogne avant la Révocation de l'Edit de Nantes*. Vivant à l'écart, au Grand-Saccornex, un village du canton de Genève, situé près de la frontière du département de l'Ain, il n'était pas en mesure de consulter tous les ouvrages nécessaires pour jeter les fondements d'une histoire de la Réformation en Bourgogne. Ainsi qu'on peut le voir par l'*Introduction*, la source principale où il a puisé est la *France protestante* de Haag. Aussi accepta-t-il volontiers de laisser revoir son manuscrit par un des fils de son ami, qui avait à sa portée la Bibliothèque de l'Histoire du Protestantisme français, à Paris. Il ne tenait pas à ce que cette révision fût trop complète. D'abord ce n'eût plus été son œuvre. Ensuite ses ambitions étaient modestes : « Une semblable notice, écrivait-il le 15 octobre 1897, ne saurait être une œuvre parfaite. Je la considère, pour ma part, comme un jalon, ou une pierre d'attente. D'autres pourront plus tard s'en servir, pour un travail plus complet. » Trois semaines après avoir tracé ces lignes, M. Naef s'éteignait, au Grand-Saconnex, après une courte maladie, un peu moins de dix ans après celui qui avait été le confident de tous ses travaux. M. Francis Chaponnière, dans la *Semaine religieuse* du 20 novembre, a raconté la vie du modeste pasteur de Céligny. Nous renvoyons à cet article nécrologique pour tout ce qui concerne la carrière pastorale de M. Naef, nous bornant à rappeler quelles furent ses principales publications relatives à l'histoire du protestantisme.

Peu après la fin de ses études académiques, F. Naef avait entrepris, de concert avec son ami Th. Claparède, des recherches sur les Eglises réformées du Pays de Gex, mais ce travail, continué par Th. Claparède seul, fut signé par Claparède seul lorsqu'il parut sous le nom d'*Histoire des Eglises réformées du Pays de Gex* (1856). Cette même année, Naef publiait une *Histoire de la Réformation* étudiée particulièrement en Suisse, dont la seconde édition paraissait en 1867. Après la mort de Th. Claparède, il compléta un manuscrit posthume de son ami, l'*Histoire de la Réformation en Savoie*, qui vit le jour en 1893. Deux ans auparavant, il avait fait paraître un *Abrégé de l'Histoire des Eglises réformées du Pays de Gex*, de Théodore Claparède, et en 1892, une *Histoire de l'Eglise chrétienne*. Nous ne citerons pas ses nombreuses notices ou monographies sur divers héros ou héroïnes de la Réforme helvétique.

Nous sommes heureux, en livrant ces notices à la publicité, de voir encore une fois réunis les noms de F. Naef et de l'ancien pasteur de Chancy, Théodore Claparède. Quand ils entreprenaient leurs premiers travaux, il y a quarante ans, avec un enthousiasme et un zèle dont les lettres de l'un, que nous avons sous les yeux, nous donnent l'impression si nette, leur peine était récompensée par l'intérêt très vif qu'on portait alors aux études historiques, à cette « résurrection » de la vie des anciennes

Eglises, à tout ce qui rendait hommage à la foi et à l'héroïsme des pères. Dans la suite, cet intérêt avait fléchi, mais en ces dernières années il semble se manifester de nouveau, ainsi qu'on l'a vu, par exemple, lors des fêtes si cordiales, si vivantes, par lesquelles les descendants des vieux huguenots de France ont célébré le troisième centenaire de l'Edit de Nantes. Cette commémoration d'un passé qui leur était cher eût profondément remué F. Naef et son ami Th. Claparède. Celui-ci, par son père, descendait d'une famille du Languedoc et, par sa mère, d'une famille de La Rochelle. Et il ne sera pas sans intérêt, en terminant ces lignes, de rappeler le lien qui unissait M. Naef au protestantisme bourguignon. Il était le beau-père de M. Paul Bouchard, le vénéré et regretté maire de Beaune.

R. CLAPARÈDE.

La révision du manuscrit de M. Naef a consisté en de petites corrections et quelques additions. Les articles Dijon, Beaune et Autun ont dû être en partie remaniés par suite d'une erreur de la *France protestante* (articles Bretagne et Malot) qui attribuait à Dijon des faits se rapportant à Autun, et à Autun des faits se rapportant à Beaune. — Ici ou là un nom a été ajouté aux listes de pasteurs ou ailleurs. A propos de Chalon et de Vitteaux, aux lignes trop succinctes de M. Naef sur Philibert Guide et Hubert Languet, quelques détails ont été ajoutés. De même pour l'Eglise de Belleville, etc. Enfin, l'ouvrage a été augmenté de notes, d'une carte, d'un index, d'une liste des Bourguignons reçus bourgeois de la République de Genève, d'un tableau des faits concernant la restauration du protestantisme sur le territoire de l'ancienne Bourgogne et de quelques photographies. Il me reste à remercier M. Weiss pour ses précieuses indications, ainsi que MM. Arnal, Villeger, Cornet-Auquier, Fages, Chevallier, pasteurs en Bourgogne, et Mme Blanc-Milsand, pour les renseignements qu'ils ont bien voulu me donner.

Nov. 1900.   R. C.

Le travail de révision a été fait à l'aide des ouvrages suivants :

Imprimés. — *La France protestante*, 1re et 2e éditions.

Bulletin de la Société de l'Histoire du Protestantisme Français.

Histoire Ecclésiastique des Eglises réformées au Royaume de France. Edition Baum et Cunitz, Paris, Fischbacher, 1883.

DE FÉLICE. *Les Protestants d'autrefois*, les trois séries. Paris, Fischbacher, 1897, 1898, 1899.

DRION. *Histoire chronologique de l'Eglise protestante de France jusqu'à la Révocation de l'Edit de Nantes.* Paris-Strasbourg, 1855.

GABEREL. *Histoire de l'Eglise de Genève.* Genève-Paris, 1858-62.

COURTÉPÉE. *Description du duché de Bourgogne.* Deuxième édition. Dijon, 1847, 4 volumes.

ABORD. *Histoire de la Réforme et de la Ligue dans la ville d'Autun.* Paris-Autun, 1855-87. 3 vol.

L. PINGAUD. *Les Saulx-Tavanes.* Paris, Firmin-Didot, 1876.

Manuscrits. — *Actes des synodes provinciaux de la province de Bourgogne.* Copie de M. Auzière, à la B. P. F.

Registre consistorial de Bourg, B. P. F.

Registre de l'Eglise de Pont-de-Veyle et Reyssouze. Copie de M. Auzière, B. P. F.

D'autres ouvrages seront indiqués au fur et à mesure dans les notes.

ABRÉVIATIONS. — *Hist. Ecclés. : Histoire Ecclésiastique des Eglises réformées.*

B. P. F. : Bibliothèque de la Société de l'Histoire du Protestantisme Français.

Bull. : Le *Bulletin* de cette même Société.

S. Pr. : Synode provincial; S. N. : Synode national.

Fr. pr. : La France protestante.

INTRODUCTION

Quelques mots sur l'origine et les données premières de ce travail sont ici nécessaires.

A mainte reprise, un homme excellent et dont l'activité fut, en grande partie, consacrée aux recherches historiques, à celles surtout qui regardent le passé de nos Eglises réformées, M. Théodore Claparède nous avait parlé du désir qu'il avait d'écrire un résumé de l'histoire du protestantisme en Bourgogne. Ce projet ne put s'accomplir; mais, après sa mort, on trouva dans ses papiers un certain nombre de notes relatives à ce travail, notes dont sa famille voulut bien donner communication à l'auteur de la présente notice, en l'autorisant à les mettre en œuvre.

Quelque intéressantes qu'elles fussent, ces notes éparses avaient cependant besoin d'être complétées, et c'est là le but que nous nous sommes proposé d'atteindre, en mettant à contribution divers recueils historiques, parmi lesquels *la France protestante*, des frères Haag, partiellement refondue par les soins de M. Henri Bordier[1].

En dépit de nos efforts, cette étude n'en demeure pas moins à l'état de simple ébauche ; ce serait encore la juger avec trop d'indulgence que de dire qu'elle présente de nombreuses lacunes. Ce n'est, au fond, qu'une série de jalons plantés dans un territoire désert, et dont chacun signale l'existence de quelque ruine.

La raison en est facile à comprendre.

Bien que plusieurs d'entre elles aient eu leurs jours de prospérité, les Eglises réformées nées au sein de l'ancien duché de Bourgogne ne formèrent nulle part, — du moins à l'ouest du Jura, — une agglo-

---

[1] Les emprunts faits à ce recueil sont si nombreux que nous renonçons à les signaler isolément. (*Note de l'A.*)

mération compacte de population. Fortement éprouvées déjà par les guerres religieuses, les massacres et les expulsions du xvie siècle, elles se maintinrent avec peine durant les quatre-vingt-cinq premières années du siècle suivant, mais elles ne survécurent pas au grand cataclisme de la Révocation de l'Edit de Nantes. Malgré les obstacles qui furent opposés partout à l'émigration des protestants, cette émigration, nous aurons lieu de le constater, fut très forte dans ces contrées, qui touchaient par places aux frontières de l'est, et n'en étaient séparées d'ailleurs que par une zone assez étroite. Si l'on tient compte, à côté de cela, de la pression exercée sur les religionnaires demeurés dans le royaume, de la rigueur des édits à l'égard des relaps, de l'impossibilité matérielle où se trouvaient les réformés de transmettre à leurs descendants des convictions dont la moindre manifestation devenait un délit, on comprendra sans peine que des communautés religieuses aussi dispersées que l'étaient celles de la Bourgogne aient disparu sans laisser de traces.

Pour préciser les limites de ce travail, nous dirons que ces limites seront, — d'une manière générale, — celles de la circonscription ecclésiastique protestante connue sous le nom de : province de Bourgogne. Outre les terres de l'ancien duché de Bourgogne, cette circonscription embrassait encore le Lyonnais ; puis, à dater de 1601, le Bugey, la Bresse et le pays de Gex. Aux Eglises qui la formaient, on vit aussi se joindre, temporairement, quelques Eglises appartenant soit au Forez, soit à l'Auvergne et au Berry, Eglises dont l'histoire peut être détachée de celle de la province de Bourgogne. Celle-ci avait son synode provincial et renfermait trois colloques, ceux de Dijon, de Chalon et de Lyon, auxquels vint plus tard s'ajouter celui de Gex.

Il est cependant deux points que nous **laisserons en dehors de notre notice.**

C'est, d'abord, ce qui concerne ce même colloque de Gex, dont nous venons de parler, et dont l'histoire a été traitée avec détail par M. Claparède dans un ouvrage spécial auquel nous ne pouvons que nous référer[1]. Il nous a paru, en second lieu, que, sans exclure les faits qui peuvent jeter quelque jour sur les petites Eglises, peu connues, du Lyonnais, il valait mieux passer sous silence tous ceux qui se rapportent à l'Eglise existante dans la ville même de Lyon. L'importance de cette Eglise nous a semblé réclamer une monographie spéciale, pour laquelle nous ne possédions pas de données suffisantes, et qui, développée comme elle mériterait de l'être, serait arrivée aisément à tenir, dans notre sujet, une place trop considérable.

Les Eglises dont nous allons parler étaient composées d'éléments fort divers. Sans parler de la maison de Châtillon, on

---

[1] *Histoire des Eglises réformées du pays de Gex*, par Théodore Claparède. Genève, Cherbuliez. 1856.

y trouvait plusieurs familles appartenant à la haute, ou tout au moins à la bonne noblesse : le baron de Digoin, celui de Conforgien, les de Jaucourt, les de la Fin, les Boissy de Loriol. Quelques troupeaux, dont le nombre est assez restreint, semblent avoir été surtout composés d'agriculteurs ; on les rencontre à l'extrême nord, dans les environs d'Is-sur-Tille, et à l'extrême sud, dans la Bresse. Mais l'élément prépondérant était celui de l'industrie et du commerce, auquel venait s'ajouter une bonne partie de la bourgeoisie cultivée et lettrée. Les noms se rattachant à la noblesse de robe, au barreau, à la médecine, aux arts libéraux, dominent dans les rangs des réformés. Cette classe nombreuse, à laquelle les édits de Louis XIV enlevèrent tout avenir, mais qu'ils ne laissèrent pas absolument sans ressources, figure pour une part énorme dans l'émigration. Présidents de cour, avocats, notaires, procureurs, médecins, chirurgiens, abondent parmi ceux qui sortirent du royaume, ou qui firent du moins quelque tentative pour en sortir. Ce sont eux qui remplissent surtout les listes du refuge. Nous les y rencontrons mêlés à de plus humbles citoyens, qui, probablement, ne représentent eux-mêmes qu'une faible partie des exilés de la classe à laquelle ils appartenaient; car si, d'une part, l'artisan se déplace moins facilement que l'homme cultivé, d'autre part, lorsqu'il se déplace, il trouve plus vite l'emploi de son temps et de son travail, et se perd ainsi dans la foule, sans réclamer l'appui de personne et sans laisser aucun vestige de son passage.

De ce que nous venons de dire, il résulte que si les protestants répandus dans la Bourgogne ne formaient numériquement qu'une quotité médiocre de la population totale de la province, ils tenaient, au sein de cette dernière, une place importante, au point de vue de la culture intellectuelle comme à celui de l'industrie et de la richesse, et que le départ d'un grand nombre d'entre eux et l'écrasement de ce qui resta durent être, pour le pays, un coup dont le retentissement se fit sentir pendant de longues années.

Nous allons maintenant passer successivement en revue les Eglises de la province de Bourgogne, en présentant, autant que possible, dans un ordre logique, les faits que nous avons pu recueillir sur chacune d'elles. Pour quelques-unes, la moisson sera passablement abondante. Pour d'autres, elle se réduira à fort peu de chose, pour ne pas dire à zéro. Le lecteur voudra bien nous pardonner l'aridité de quelques-uns des paragraphes que nous allons placer sous ses regards.

I

COLLOQUE DE DIJON

Ce colloque comprenait, au courant du xviie siècle, huit Eglises régulièrement constituées, savoir : Dijon, Is-sur-Tille, Beaune, Arnay-le-Duc, Châtillon-sur-Seine, Saint-Jean-de-Losne, Avallon et Vaux, enfin Noyers[1].

1° Église de Dijon

I. — En assignant à l'Eglise de Dijon la première place, nous le faisons surtout en

---

[1] Ces huit Eglises sont représentées au synode de Castres en 1626. Des listes générales des Eglises furent dressées dans les années 1603, 1620, 1626 et 1637, aux S. N. de Gap, d'Alais, de Castres et d'Alençon. Th. Claparède publia en 1866, dans le *Bull.*, une cinquième liste qui fait partie de la collection Court, à la Bibliothèque publique de Genève, et qui porte la date de 1660. Ce rôle fut probablement dressé au S. N. de Loudun (1659-1660).

raison de l'importance de cette ville comme chef-lieu de la province et capitale de l'ancien duché de Bourgogne. La communauté réformée qui s'y constitua eut sans doute son temps de prospérité et compta, parmi ses membres, en assez forte proportion, des hommes distingués par leur culture scientifique, plusieurs même par leurs talents. Toutefois son existence fut particulièrement agitée, par le fait de la vivacité des luttes religieuses, vivacité plus grande dans un centre comme Dijon que dans une petite localité. Les efforts les plus violents des ennemis de la Réforme eurent toujours pour objet d'entraver son développement dans les villes principales, d'où son influence eût pu se répandre au dehors. On faisait, lorsqu'il y avait urgence, la part du feu, en laissant aux protestants le droit de vivre dans certaines cités secondaires, mais on leur disputait âprement le terrain dans toutes celles qui pouvaient avoir quelque renom. Dijon n'échappa point à cette loi. Aussi la communauté protestante, sans avoir jamais complètement cessé de s'y maintenir jusqu'à la Révocation, ne fut-elle pas constamment en mesure de s'y affirmer, soit par la célébration du culte public, soit par la présence d'un pasteur. Il ne faut donc pas s'étonner si nous n'avons pu rassembler, sur son histoire, que des données fort incomplètes.

Le mouvement d'idées qui se manifestait puissamment, en France comme ailleurs, dans la première moitié du xvie siècle, contre les erreurs et les abus de l'Église romaine, ne tarda pas à se faire sentir à Dijon, où bientôt on s'efforça de l'arrêter par des supplices.

Nous ne rappellerons que pour mémoire celui de Pierre Masson, pasteur des Vallées vaudoises, condamné au feu à Dijon le 8, et exécuté le 10 septembre 1530, comme il revenait, avec son collègue Georges Morel, d'un voyage en Allemagne. Quelques historiens prétendent que Masson était bourguignon d'origine, ce qui attesterait au besoin, si nous ne le savions d'ailleurs, que les idées propres à la Réforme s'étaient déjà répandues dans la contrée. On pourrait envisager son supplice comme un acte accidentel de fanatisme, s'il n'avait été suivi de plusieurs autres, encore plus significatifs comme symptômes de l'état religieux de la Bourgogne à ce moment-là.

En 1548, Hubert Burré, fils de Jean Burré, jeune homme de dix-neuf ans, natif de Dijon, est brûlé dans cette ville pour ses opinions religieuses, dans lesquelles il persiste, malgré les efforts et les sollicitations de ses parents.

Cinq ans plus tard, nouveau martyre. La victime, cette fois, se nommait Simon Laloë, originaire de Soissons, lunetier de son état. Ce pauvre homme, qui d'abord s'était réfugié à Genève, crut pouvoir rentrer en France. Il y est promptement saisi, et le parlement de Dijon l'envoie également au bûcher. La sentence est exécutée le 21 novembre 1553. Le bourreau, **Jacques Sylvestre,** frappé de l'innocence

MASSACRE DE SENS

et de la constance du condamné, se convertit à la foi réformée et se rend à Genève pour en faire librement profession.

En 1557, un marchand et deux apothicaires de Dijon sont encore brûlés dans cette ville pour la cause de la Réforme. Au nombre des victimes qui succombèrent alors à Dijon, il convient de mentionner Nicolas Du Rousseau, de l'Angoumois, homme d'âge, avocat, ancien de l'Église de Paris. Envoyé à Genève pour consulter sur les affaires religieuses, il en revenait en 1557, avec le ministre des Gallars, lorsqu'il fut arrêté à Auxonne, conduit et emprisonné à Dijon[1]. Il mourut en prison, après avoir exhorté à la persévérance deux jeunes gens détenus avec lui pour crime d'hérésie et qui furent brûlés. Mais à cette époque déjà, les réformés n'étaient plus, dans la capitale de la Bourgogne, à l'état d'individualités isolées, car, en 1559, nous voyons se passer des scènes de pillage et de meurtre qui, par le nombre des

[1] V. *Bull.* XXXIII, 437 s.

victimes, attestent que les partisans des idées nouvelles devaient former, dans les murs de la cité, un groupe assez considérable de population.

C'est à ce moment que l'Église commence à s'organiser. Ses assemblées, formées sous le sceau du secret, se tinrent dans des maisons particulières. En 1561, le prêche avait lieu rue des Forges, dans la maison de Jean Soillot. Le conseil de ville, informé du fait, s'empresse de le dénoncer au lieutenant-général de la province de Bourgogne, M. de Tavannes[1]. Le pasteur de la communauté réformée était alors Pierre Leroy, ancien carme, que l'Église de Genève lui avait envoyé l'année précédente; mais il y séjourna peu de temps, car, le 16 février 1562[2], les réformés dijonnais, par l'intermédiaire de M. de Frasans, s'adressent derechef à Calvin pour obtenir un conducteur spirituel. L'auteur

---

[1] Le gouverneur était alors Claude II de Lorraine, duc d'Aumale.
[2] V. *Bull.*, XIV, 331.

de la lettre déclare que, malgré la rigueur des magistrats, il existe, dans la ville de Dijon, « une congrégation de fidèles suffisante pour fonder une belle et honorable Église ».

Cette même année 1562 vit une persécution générale se déchaîner contre l'Église réformée de Dijon, qui, suivant toute apparence, s'était constituée au cours des deux ou trois années qui précèdent. Plus de deux mille protestants de tous rangs furent alors expulsés, non sans qu'on eût vu se renouveler à leur égard les meurtres et les pillages qui s'étaient déjà produits en 1559.

Cette expulsion n'eut sans doute que des suites momentanées, et les fugitifs, ou du moins la plupart d'entre eux, rentrèrent probablement dans leurs foyers, soit après la convention d'Amboise (1563), soit à la faveur des traités de paix de Longjumeau (1568) et de Saint-Germain (1570). Toujours est-il que l'Église réformée ne tarda pas à reprendre ses assemblées et parvint, à force de prudence, à les dissimuler aux regards soupçonneux de ses ennemis. En 1566, un échevin informait le conseil de ville que les protestants se réunissaient au signal d'un cor semblable à ceux dont se servent les vachers pour assembler le bétail. L'existence de la communauté n'était même pas tellement secrète qu'il fût toujours possible de l'ignorer, puisque, dans ce même temps, elle faisait des démarches pour se procurer un cimetière. Il est hors de doute qu'à l'époque de la Saint-Barthélemy, il se trouvait des protestants à Dijon et qu'ils y vivaient dans une certaine sécurité. Aussitôt après les massacres de Paris, le lieutenant-général de la Bourgogne, Léonor de Chabot-Charny[1], reçut du roi l'injonction de faire mettre à mort les huguenots. Se fondant sur un vice de forme, il se borna à jeter en prison les principaux d'entre eux dans toute l'étendue de la province et il attendit,

[1] Il avait succédé dans cette charge à Gaspard de Tavannes, en 1570.

sans se presser, de nouvelles instructions. Celles-ci arrivèrent enfin. Le besoin de pallier l'atrocité de cet acte de tyrannie s'était fait sentir dans l'intervalle, et, sans crainte de se contredire, Charles IX mandait au gouverneur « que le mouvement de Paris était advenu tumultuairement et à l'instigation de ceux de Guise, pour se venger de l'amiral de Châtillon et de ceux de la religion prétendue réformée dont il était assisté ». La temporisation de Chabot-Charny se trouvait ainsi justifiée. Le président Jeannin, que le lieutenant-général avait consulté, lui avait tracé cette ligne de conduite, qui sauva tous les protestants de la province, ou du moins presque tous, car le président lui-même raconte la mort de la seule victime que fit, à Dijon, la Saint-Barthélemy. « C'était le sieur de Traves, gentilhomme de qualité, qui fut constitué prisonnier au château et peu de jours après jugé à mort, non par forme de justice », dit le président, « mais en vertu d'un commandement particulier qu'obtint du roi un seigneur de qualité et de pouvoir qui était son ennemi. » Le prisonnier fut tué par les gens du prévôt des maréchaux, et son corps jeté dans les fossés.

Quelques années plus tard (1577), François Buffet, de Langres, prieur du couvent des Carmes de Dijon, qui, en prêchant le carême à Mâcon, avait signalé quelques-uns des abus de l'Eglise romaine, fut arrêté sur-le-champ et conduit sous bonne escorte à Dijon. Le parlement le condamna à abjurer publiquement les erreurs qu'il avait émises. Buffet obéit, mais peu de temps après il réussit à gagner Genève, où on le trouve en 1580, inscrit comme étudiant en théologie. Il s'y fit consacrer ministre et fut envoyé comme pasteur à Metz, où il exerça ses fonctions de 1583 à 1610, année de sa mort.

La position des réformés de Dijon resta des plus précaires tant que durèrent les guerres civiles. En 1585 — une des années les plus déplorables du règne de Henri III — ce prince consentit à céder à la Ligue, par le traité de Nemours, la ville et le château de Dijon. Dix ans plus tard, en 1595, la capitulation accordée à la ville par Henri IV stipulait l'exercice exclusif du culte catholique romain, disposition que vint confirmer, en 1598, l'article secret n° 25 de l'Edit de Nantes, article interdisant, soit à Dijon même, soit dans la banlieue de cette ville, l'exercice de tout autre culte que celui de l'Eglise romaine. De telles conjonctures n'étaient certes pas propices au développement de la communauté protestante.

On pourrait, d'après cela, supposer que cette dernière devait être près de s'éteindre. Il n'en était rien cependant. Elle avait ses pasteurs et continuait ses assemblées, non dans la ville sans doute, mais, suivant toute apparence, dans quelqu'une des demeures féodales des alentours. En 1572, le seigneur de Vantoux avait déjà tenté d'établir un prêche dans son château. Plus tard, en 1584, pareille tentative fut renouvelée par François Le Marlet, seigneur de

Saulon. Il est bien à supposer que quelque démarche de ce genre finit par aboutir, et que, sous le couvert des privilèges des seigneurs hauts justiciers, les réformés de Dijon purent jouir, quoique d'une manière précaire et détournée, des bienfaits du culte public.

Après la promulgation de l'Edit de Nantes, les réformés de Dijon obtinrent deux lieux d'assemblées [1].

En 1601, Dijon envoie, au synode national de Jergeau (actuellement Jargeau), le président Brocard, un de ses anciens.

En 1603, l'établissement des Jésuites fut autorisé à Dijon. Les protestants ne paraissent pas s'y être opposés, comme ils le firent ailleurs, sans doute parce qu'ils comprirent que le parlement, dont ils

[1] Ces deux lieux de culte assignés au bailliage de Dijon furent : 1º La ville d'Is-sur-Tille; 2º le bourg de Vosne, ou Vosne-Romanée, situé à peu de distance de Nuits et à quatre lieues, environ, au sud de Dijon. Dans les synodes du commencement du XVIIe siècle, c'est sous le nom de cette dernière localité que l'Eglise de Dijon se trouve constamment désignée. (*Note de l'A.*)

avaient déjà eu lieu de se plaindre à diverses reprises (1577, 1597, etc.) n'aurait point été favorable à leurs réclamations.

En 1607, l'Eglise demande pour pasteur le célèbre prédicateur Michel Le Faucheur, que le synode de La Rochelle juge préférable d'accorder à celle d'Annonay. Claude Catherine, conseiller au parlement et ancien de Dijon, assistait, en qualité de député de la province de Bourgogne, à ce même synode de La Rochelle.

En 1617, le pasteur de Dijon, Louis de la Coste, siège, avec un ancien, Jean Granier, avocat au parlement, au synode national de Vitré, tous deux aussi comme députés de la province.

L'Eglise est représentée, en 1619, par l'avocat Du Gravier, à l'assemblée politique de Loudun. Un autre de ses membres, Job Bouvot, célèbre jurisconsulte du barreau de Dijon, avait reçu précédemment le mandat de représenter la province aux synodes nationaux de Gap et de Privas (1603 et 1612), ainsi qu'à l'assemblée politique de Grenoble (1615). Enfin un des collègues de Bouvot, l'avocat Armet, fut député à l'assemblée de Châtellerault, en 1605, puis à celle de Saumur, en 1611.

Il est fort à présumer que, malgré les garanties données par l'Edit de Nantes, les protestants de Dijon ne furent pas plus que d'autres à l'abri des vexations que pouvait leur susciter la malice des adversaires de leur Eglise, vexations dont nous trouvons quelques traces dans les historiens du temps, notamment en 1619 et 1621. A cette dernière date, nous voyons l'assemblée de La Rochelle se plaindre de certains excès contre les réformés, commis dans plusieurs localités, entre autres à Dijon.

L'Eglise de Dijon, tout en conservant un certain éclat en raison de la position qu'occupaient quelques-uns de ses fidèles, semble s'être amoindrie ou dispersée dès le milieu du xviie siècle. A partir de cette époque, nous ne rencontrons plus, dans les rôles des assemblées synodales, aucune trace positive de son existence. Toutefois elle possédait encore son consistoire; car, en 1645, nous voyons que Jean Guyot, médecin renommé, et *ancien de l'Eglise de Dijon,* ayant été appelé, par droit d'ancienneté, à remplir les fonctions de doyen du corps médical, il lui fut impossible, contrairement aux déclarations de l'Edit de Nantes, de se faire reconnaître par ses confrères catholiques. Son beau-frère, La Corne, originaire de Beaune, et son gendre, Segniard, dont le premier était fils d'un médecin d'une grande réputation, ne purent même se faire recevoir médecins, qu'en s'engageant par serment à renoncer à la qualité de doyen dans le cas où elle viendrait à leur échoir.

Trois ans avant la Révocation, en 1682, les protestants de Dijon, réduits au nombre de six ou sept familles, furent chassés de cette ville, sans que rien paraisse avoir motivé cet acte d'arbitraire. Un délai de six mois leur fut assigné pour sortir de la capitale de la Bourgogne. Un médecin, nommé La Corne, fils de celui que nous avons nommé plus haut, fut, avec ses trois enfants, du nombre des expulsés. Parmi ces derniers figurent encore le gendre de La Corne, du nom de Lambert, le menuisier Matthieu et le cordonnier Philibert Huc.

Une pareille mesure semblait ne laisser plus aucune prise aux persécutions dont la Révocation fut accompagnée dans d'autres localités. Pourtant, en 1685 ou 86, une femme fut traînée sur la claie, « encore à demi vive », selon l'historien Benoist.

II. — A côté de ces faits généraux, nous pouvons recueillir encore quelques détails concernant les familles ou les individus.

Laissant à part les personnages dont les noms ont déjà figuré dans notre récit, nous en mentionnerons quelques-uns dont l'existence se trouve liée, de plus ou moins près, à l'histoire de l'Eglise de Dijon.

Jean Abraham, ou Abraam, originaire

de Dijon, secrétaire de l'amiral de Coligny, puis du prince de Condé, s'était retiré à Genève après la Saint-Barthélemy. Il fut reçu « habitant » de cette ville le 13 octobre 1573. Mais en 1575, au cours de la cinquième guerre civile, chargé sans doute de quelque mission de la part du prince de Condé, il fut arrêté, en traversant Paris pour se rendre en Angleterre, et pendu en place de Grève le 13 août de la même année. Le nom qu'il portait est, paraît-il, inconnu à Dijon. Ce pouvait être un pseudonyme ; peut-être le personnage avait-il été contraint par les circonstances à changer son nom de famille ; peut-être, enfin, était-il d'origine juive, les israélites ayant été assez répandus aux environs de Dijon, comme l'attestent de nombreuses pierres tombales [1].

Au nombre des protestants de Dijon, se trouvait, au XVIe siècle, un jurisconsulte du nom de Girard. Né en 1518, Girard se

[1] Près de Dijon se trouve un bourg appelé Baigneux-le-Juif. (*Note de l'A.*)

fixa dans la ville d'Auxonne, où il fut promu aux fonctions de maire. On ignore la date précise de sa mort (1586?). On sait seulement que ses convictions religieuses l'exposèrent à de violentes persécutions. Girard avait du goût pour la poésie et la cultivait avec quelque succès.

Antoine Brocard, inscrit à Genève en 1584, comme étudiant en droit, devint président de la Chambre des comptes de Dijon, et fut, ainsi que nous l'avons vu, député au synode national de Jergeau, en 1601. Au printemps de l'année précédente il avait été déjà chargé, par les protestants du bailliage de Dijon, d'une mission auprès de l'Eglise de Genève, aux fins d'obtenir des pasteurs pour desservir les deux lieux de culte accordés aux réformés.

Après la persécution de 1562, un fidèle de l'Eglise de Dijon, Philibert *Humbert*[1], cherche un refuge à Genève. Il y fut reçu

---

[1] Les noms de famille que nous indiquerons en italique appartiennent à l'histoire du Refuge. *(Note de l'A.)*

« bourgeois » en 1563, devint, en 1590, membre du Conseil des Deux-Cents, et mourut, en 1616, âgé d'environ quatre-vingts ans. Cet Humbert est la souche d'une famille genevoise nombreuse, dont plusieurs membres ont joui, dans la nouvelle patrie que l'exil leur avait ouverte, d'une juste considération.

Au commencement du xviie siècle, un Pierre Bernier, avocat au parlement de Dijon, sa ville natale, se convertit au protestantisme. Il paraît avoir brillé moins comme orateur que comme travailleur, et mériter l'éloge d'avoir, par sa persévérance, triomphé des obstacles qu'il pouvait rencontrer dans sa carrière. Sa femme, Salomé Virot, était parente du célèbre Saumaise. Ceci nous amène à parler de ce savant, dont la famille avait alors des possessions dans un grand nombre de localités de la Bourgogne.

Claude Saumaise, né en 1588 à Semur-en-Auxois, eut pour père Bénigne Saumaise, seigneur de Tailly, de Bouze et de

Saint-Loup, lieutenant particulier de la chancellerie de Semur. Bénigne était peut-être un protestant tiède ou caché. Sa femme, Elisabeth Virot, fille d'Antoine Virot, seigneur de Tailly, était zélée pour la Réforme. Toute la famille, du reste, inclinait dans le même sens. François Saumaise, probablement frère de Bénigne, était maître des Comptes à Dijon. Il sortit de France après la Saint-Barthélemy et s'établit à Lausanne, puis à Montbéliard. Un Jacques de Saumaise, établi à Vézelay, très proche parent des précédents, était aussi protestant, ainsi que sa famille. Claude Saumaise, élevé d'abord par son père, puis à Heidelberg, appartint dès sa jeunesse à l'Eglise réformée. Il se fit recevoir avocat au parlement de Dijon en 1610 [1] et resta vingt-deux ans dans cette ville, menant de front l'étude de toutes

---

[1] Saumaise épousa la fille de Josias Mercier, de Grigny, près Paris. Sur les Mercier, voir un article de M. Jacq. Pannier, dans *La Foi et la Vie* du 16 mars 1899, intitulé : *Un très notable centenaire*.

les sciences. En 1632, il se fixa en Hollande, passa un an en Suède (1650), et lorsqu'il mourut, en 1653, il laissa une réputation européenne. Fortement attaché au protestantisme, il ne s'en laissa pas détourner, même par la perspective de jouir, dans sa patrie, de tous les honneurs dus à son savoir, et cela malgré les assurances qui lui furent données qu'il ne serait point contraint de répudier ses convictions religieuses. Il savait probablement que de semblables promesses n'étaient pas toujours tenues avec une scrupuleuse fidélité. Plusieurs de ses enfants rentrèrent en France et nous verrons ailleurs quel fut le sort de quelques-uns des membres de cette famille.

Parmi les protestants de Dijon, nous devons citer aussi celle, assez répandue, des Bernard. Noë Bernard, procureur au parlement de Dijon, eut pour fils Bénigne Bernard, secrétaire-interprète du roi pour la langue allemande et avocat au même parlement. Bénigne se fixa probablement à Paris, car nous le voyons, en avril 1649, épouser, au temple de Charenton, la fille d'un gentilhomme de l'Anjou.

Pierre Morelet, né en 1647, fils d'Humbert Morelet, avocat au parlement de Dijon, avocat lui-même à Buxy, ne fit pas preuve d'une grande fermeté, bien qu'il eût représenté son Eglise à divers synodes. Mais sa femme, Jeanne Bouvot, qu'il avait épousée en 1669, refusa absolument de se convertir et mourut protestante. Cette opiniâtreté de sa femme fit naître de violents soupçons contre lui. Malgré ses déclarations, on le tenait pour un mauvais catholique. On commença par lui enlever sa fille qu'on envoya, en 1693, dans un couvent du pays de Gex, puis on finit par l'arrêter lui-même et on l'enferma à Pierre-Encize.

Aux familles que nous avons nommées, on peut joindre encore les suivantes : Bertrand, Bidault, *Bitrys* ou *Byatrys*, Desbordes ou des Bordes, Bouchin, Bourberin, Buffet, *Chouet*, Collin, *Coret*, de Drée, de Hors, Durand, Fayot, Fèvre,

Fournier, Gautier, Guillaume, *Joly*, Lanisé, *Leroy*, Martin, Paillard, Rougenot, du Treuil et de Vaux.

III. — Les noms des pasteurs de Dijon que nous avons pu recueillir sont en petit nombre. Nous les donnons ici :

1560 - 1561 Pierre Leroy.
1586...... Théophile Cassegrain.
1604...... Le même (de nouveau).
......1611 Margonne[1].
1611 - 1617 Louis de la Coste[2].
1617...... De Chandieu.
1626...... Etienne Gautier.
1634...... Jean Marcombes.
1634...... Géd. Guyonnet[3].

En 1637, l'Eglise est sans pasteur. Elle se fond, dès 1654, avec celle d'Is-sur-Tille.

---

[1] V. liste des pasteurs d'Avallon et Vaux-Jaucourt.
[2] V. liste des pasteurs de Mâcon.
[3] V. liste des pasteurs d'Is-sur-Tille et de Pont-de-Veyle.

2° Eglise d'Is-sur-Tille

Cette Eglise paraît avoir pris consistance vers 1560 ou 1561, et — comme ce fut aussi le cas pour celle de Beaune — les prédications de Sébastien Tiran provoquèrent ou accélérèrent sa formation. Il est évident, en effet, que les éléments en existaient déjà dans la contrée, car, dès 1554, la Réforme comptait des adhérents dans le bourg voisin de Selongey, et, trois ans auparavant, un drapier d'Is-sur-Tille, nommé Fèvre, qui ne pouvait être qu'un réfugié pour cause de religion, était reçu habitant de Genève.

Le 8 octobre 1561, l'Eglise écrit à Calvin et aux syndics de Genève pour leur demander un pasteur. La lettre contenant cette demande annonce que le nombre des membres est d'environ cinq cents.

Nous ne savons si cette négociation fut

menée à bien. Ce qu'il y a de certain, c'est que la persécution qui s'éleva l'année suivante (1562) fut particulièrement cruelle pour l'église d'Is-sur-Tille ; quatre cents protestants de toute condition furent expulsés, environ quarante exécutés en effigie, cent soixante incarcérés, une femme fouettée pour avoir fait des prières ; cinq ou six personnes, parmi lesquelles un nommé Nicolas Le Copiste et une jeune fille de seize ans, furent mises à mort.

L'Eglise cependant se reconstitua ; elle s'accrut même d'un certain nombre de fugitifs venus de Dijon. En 1567, elle possédait un pasteur du nom de Maupeau. Nous la perdons de vue pendant quelques années ; puis son existence se révèle tout à coup par une assez singulière contestation.

En 1571, l'Eglise a pour pasteur un ministre nommé Ciprian ou Cyprian. Ce dernier est inculpé d'avoir — peut-être dans des vues ambitieuses — recherché en mariage une dame veuve, **Jeanne**

Leblond, châtelaine de Diénay. Un beau-frère de celle-ci, le seigneur des Barres, se rend à Genève pour consulter la Vénérable Compagnie des pasteurs. Ciprian fut censuré, mais nous ne voyons pas qu'on l'ait obligé de quitter son poste. Tout le tort du pasteur semble avoir été de tenir peu de compte des mœurs et des préjugés de son époque. Il résulte des détails de cette affaire que le château de Diénay, voisin d'Is-sur-Tille, était aussi un lieu d'exercice pour le culte protestant et que cette localité avait pour pasteur spécial un ministre nommé Guérin.

Quelques années après cet incident, l'Eglise d'Is-sur-Tille est desservie par un pasteur, du nom de Dizerot (Dizerotte?), qui la quitte, en 1582, pour se mettre au service des Eglises du Béarn. Une lettre de son collègue, ou de son successeur, le pasteur Auban, témoigne de l'excellent souvenir que son ministère avait laissé au sein de l'Eglise qu'il avait eu à diriger. Elle nous apprend aussi que cette Eglise était composée de menu peuple, « ce qui ne l'empêchait pas de compter parmi les plus importantes de la contrée ». Un pasteur voisin, nommé Pélery, sur lequel nous aurons à revenir en parlant de Beaune, la signale, à la même époque, comme « la plus florissante et peuplée du duché de Bourgogne ».

L'Eglise d'Is-sur-Tille se réunissait alors, pour célébrer son culte, dans des maisons particulières. En 1600, après beaucoup de démarches infructueuses, elle parvint à se donner un temple, dont l'inauguration se fit le 9 avril, en présence et avec la participation de deux ministres venus de Genève. Ce temple, auquel était attenant un cimetière, fut construit dans la rue Saint-Antoine qui prit, à partir de cette époque, le nom de rue du Prêche, qu'elle porte encore aujourd'hui. Une fondation, à laquelle participèrent les protestants des localités environnantes, pourvut à l'entretien du culte et au traitement du pasteur.

L'importance de l'Eglise d'Is-sur-Tille,

dont le temple servit, bientôt après, de centre nominal à l'Eglise de Dijon, bien que ces deux villes fussent séparées par une distance de près de cinq lieues, nous est attestée par l'existence d'un collège protestant. Ce collège existait déjà en 1610 et sa création doit même être reportée en arrière de cette date. Il fut supprimé, en 1614, par une décision du synode de Tonneins, dont nous aurons à parler plus tard.

Une autre circonstance qui prouve la vitalité de cette Eglise, c'est la fréquence des synodes provinciaux qui viennent lui demander l'hospitalité. Le premier de ces synodes eut lieu en 1613, le second se réunit en 1626. Peu d'années après cette assemblée, en 1630, le pasteur d'Is-sur-Tille, Jean Durand, se vit exposé à un procès, « pour propos scandaleux contre l'Eglise romaine ». On sait avec quelle facilité on usait alors de ce prétexte de vexation contre les protestants. Après avoir soutenu une longue procédure, le pasteur fut acquitté, preuve manifeste de l'inanité des accusations dirigées contre lui. Un troisième synode provincial fut tenu à Is-sur-Tille en 1647; un quatrième en 1649; un cinquième en 1669; un sixième en 1678; un septième et dernier en 1682. A celui de 1678 assistèrent, pour la localité, deux pasteurs, Jean Durand et Prudent Gauthier, et deux anciens, Pierre Durand et Isaac Porcelet. En 1682, l'Eglise est représentée par un seul pasteur, Prudent Gauthier, et par quatre anciens : Claude Géliot, avocat; Frédéric-Louis de la Corne, docteur en médecine; Jean Lalouet, marchand, et Samuel de Martinet.

L'année suivante, le 24 octobre 1683, le consistoire d'Is-sur-Tille fut convoqué officiellement pour subir la lecture de l'*Avertissement pastoral du Clergé,* qui lui fut signifié par l'official du diocèse, cérémonie odieuse autant qu'inutile, à laquelle présida Jacques de Cluny, lieutenant général au bailliage de Dijon, et dans laquelle le pasteur et les anciens firent preuve d'autant de fermeté dans leur foi que de déférence pour l'autorité royale.

L'Eglise perdit son culte et son temple au moment de la Révocation. Le temple fut détruit le 26 octobre 1685. Le pasteur Gauthier fut expulsé du royaume, mais le zèle des convertisseurs lui arracha sa fille, âgée de sept ans. A Is-sur-Tille même, les abjurations furent très rares. Elles ne dépassèrent pas le chiffre de quinze personnes. La communauté, presque entière, émigra; les commerçants surtout, qui emportèrent avec eux leur industrie et leurs capitaux à l'étranger. On évalue à cent familles le nombre des protestants d'Is-sur-Tille qui trouvèrent un refuge *seulement en Suisse.* « On comptait alors, dit un annaliste local, cinquante bons marchands dans la seule rue du Prêche, où il n'y en a plus aucun et dont toutes les maisons sont ruinées ou presque inhabitées. » Comme partout, les biens du consistoire furent confisqués au profit de l'église paroissiale.

Les abjurations forcées furent plus nombreuses dans les communes avoisinantes, à Marcilly, Thil-Châtel, Lux et Gemeaux, où les protestants appartenaient surtout à la classe des agriculteurs. Deux ans plus tard, en 1687, nous trouvons les dames Emery et Boisselier, d'Is-sur-Tille, prisonnières dans la citadelle de Dijon.

Une brochure de 63 pages, intitulée *Les protestants d'Is-sur-Tille*, a été publiée, en 1888, par A. Mochot. Nous avons fait usage de ce travail fort intéressant pour compléter les données que nous avions recueillies sur les Eglises d'Is-sur-Tille et de Dijon.

II. — Parmi les familles protestantes d'Is-sur-Tille, il faut signaler d'abord celles des signataires de la lettre adressée à Calvin en 1561 : Thibaudissier, Prongers, Poh, Briseleme, Maubard, Brissey, Haimot, Mortnet, Parisot.

Une famille Carteret, sortie d'Is-sur-Tille

après la Révocation de l'Edit de Nantes, s'établit à Genève. A cette famille appartenait Antoine Carteret, qui a joué récemment un rôle assez important dans les destinées de la cité genevoise.

Jacques Gaussen, pasteur au début du xviie siècle, devait se rattacher à une famille bourguignonne de la contrée d'Is-sur-Tille[1], où il exerça son ministère. Il nous est connu par deux manuscrits sur des questions de controverse existant à la bibliothèque de Genève. Un Nicolas Gaussen — peut-être son fils — fut ministre à Pont-Audemer. D'autres Gaussen, dont l'origine pourrait bien être la même, figurent aussi parmi les protestants de la Normandie.

Nous trouvons également, comme appartenant à l'Eglise d'Is-sur-Tille, les noms de famille suivants : Assier, Basin, Fernet ou Fernay, Fèvre, Lamugnière, Mas-

---

[1] *France protestante*, 1re édit. — Galiffe, dans ses *Notices généalogiques*, dit, par contre, que les anciens Gaussen venaient de « Saint-Foy-le-Grand en Agenois. »

sot, etc., et, comme délégués aux synodes :
Bryois, Baillot, Châtelain, Collin, Joly,
Laroque, Lucet de la Fayolle, Pernet,
Riguet, Robert, Veyrieux.

III. — Nous donnons ici la liste — plus ou moins complète — des pasteurs de l'Eglise d'Is-sur-Tille [1] :

1567.......... Maupeau.
1571-1572..... Ciprian.
1582.......... Dizerot.
1582.......... Auban.
1583.......... Eléazar Perreault.
1603......1609 Jacques Gaussen.
1609......1620 Pierre Grillet.
1620......1623 Urbain Blevet.

[1] Lorsque les dates sont disposées sur trois rangs, la première indique le début, certain ou présumé, du ministère du pasteur ; la seconde, une date intermédiaire certaine, à laquelle le nom du pasteur a été trouvé dans un document ; la dernière, la date finale, certaine ou présumée, de ce même ministère. On a relié par un trait d'union les dates marquant une activité pastorale certainement ininterrompue.

1623.......... Gédéon Guionnet (proposant).
1623 — 1678 Jean Durand [1].
1678 — 1685 Prudent Gautier.

(Les deux derniers un certain temps simultanément.)

[1] M. A. Mochot nous apprend que le portait de ce pasteur, peint sur une boiserie de la maison qu'il habitait, est en la possession de M. Magnin, ancien ministre des finances. (*Note de l'A.*)

3° Église de Beaune *(et Volnay)*

I. — Les premiers germes de la Réformation se font voir, dans la contrée de Beaune, dès 1547, et leur existence doit même être antérieure à cette date. Un groupe de réformés s'y constitua peu à peu, et, sous la pression des hostilités dont il fut bientôt l'objet, nous le voyons déjà, vers 1559, fournir des exilés au Refuge. L'Eglise elle-même, toutefois, ne fut fondée qu'en 1561, par Sébastien Tiran, qui avait étudié à Lausanne en 1557 et 1558. En 1562, la même persécution qui déjà s'était déchaînée contre les Eglises de Dijon et d'Is-sur-Tille, atteignit aussi celle de Beaune. Les protestants furent mis en demeure de signer une sorte de confession de foi impliquant adhésion à l'Eglise romaine. En présence de cet ultimatum, bon nombre d'entre eux cédèrent à la contrainte exercée à leur égard et signèrent les articles que la Sorbonne avait rédigés à cet effet. Parmi ceux qui ne voulurent point y consentir, on cite Hugues Ythier, greffier de la ville ; Jacques Regnier, notaire royal ; Jacques Margueron, sieur du Champ, et Claude Doriol, médecin. Ces derniers et d'autres encore préférèrent s'expatrier. Plusieurs prirent alors le chemin de la Suisse, au risque d'être pillés et rançonnés en route, comme cela arriva à l'un d'eux nommé Robert Le Blanc. Il ne resta dans la ville que deux huguenots déclarés : Barthélemy Navetier et l'avocat Nicolas Belin. Un honnête marchand, Jacques La Corne, mort depuis huit jours, fut déterré et jeté à la voirie par sentence de l'official.

Il faut croire, cependant, que les fugitifs ne tardèrent pas tous à rentrer et que, d'un autre côté, les protestants un moment intimidés reprirent courage ; car, à la fin de cette même année 1562, le 9 novembre, l'Eglise s'était déjà reconstituée et demandait à Genève un pasteur. Elle envoyait en même temps un de ses membres à l'Académie de cette ville pour s'y préparer au saint ministère. La lettre par laquelle elle fait connaître cette double décision est signée Bétant.

En 1581, nouvelle demande du même genre adressée encore à la petite métropole du protestantisme français. Cette fois le porteur de la lettre, destinée à Théodore de Bèze, était un protestant du nom de Bouchin, probablement originaire de Beaune ou des environs. L'auteur, nommé Pélery, exerçait le saint ministère et se trouvait, suivant toute apparence, au service du baron de Digoin. Il expose comment les réformés de Beaune et des localités avoisinantes, lesquels étaient au nombre d'environ quatre cents, s'étaient joints d'abord à son troupeau; mais que, vu la distance qui les séparait du lieu où lui-même faisait sa résidence, ils se trouvaient fort mal de cet arrangement et désiraient obtenir un pasteur, tant pour eux que pour leurs frères de Savigny, village situé à quatre kilomètres de Beaune. Pélery date sa lettre de Lamothe-sur-Dheune, sans doute un des fiefs du baron de Digoin, qui était en même temps seigneur de Savigny; il saisit cette occasion pour réclamer, au nom de ce gentilhomme, qui devait appartenir à la famille de Loriol, un instituteur pour son fils. En transmettant à Théodore de Bèze la requête des fidèles de Beaune, notre pasteur déplore que les protestants de la province ne prennent pas plus de soin pour le recrutement de leurs conducteurs spirituels et il demande, en faveur des Beaunois, l'envoi, au moins temporaire, du ministre Baduel. Au troupeau de Beaune devaient se joindre aussi les protestants disséminés aux alentours : à Tailly, à Bouze, à Bligny-sur-Ouche, où l'on peut constater la présence de plusieurs familles protestantes.

Les réformés de la contrée ne restèrent pourtant pas toujours indifférents à ce recrutement du ministère pastoral, que

Pélery se plaignait de voir négligé. Deux lettres adressées à l'Eglise de Genève, l'une par le synode provincial de Chalon, le 28 juin 1614, l'autre par le synode d'Is-sur-Tille, le 6 août 1626, traitent de l'administration d'un legs, fait pour l'entretien d'un proposant, en faveur de l'Église de Beaune, par Pierre Héliot, qu'il ne faut pas confondre avec un pasteur du même nom que nous voyons, quelques années plus tard, au service de la même Église. Nous n'avons rien pu découvrir sur l'auteur du legs, ni sur les liens qui l'unissaient à la communauté beaunoise.

Cette dernière avait passé par des temps difficiles, au moment des guerres de la Ligue. Comme le château de Dijon, celui de Beaune avait été concédé par Henri III aux ligueurs, en 1585. Mais le règne de Henri IV avait rendu aux protestants la sécurité; aussi voyons-nous l'Eglise se développer, tant à Beaune même qu'à Volnay. En 1650, cette localité de Volnay semble avoir été le siège d'un consistoire distinct. Cependant, bien que l'Eglise de Beaune n'eût pas encore été frappée par la persécution, comme elle le fut quelques années plus tard, il ne serait pas impossible que son consistoire eût déjà transporté ses assemblées à Volnay.

En 1663, un synode provincial, ou peut-être local, mais évidemment tenu à Beaune, répond à une demande de secours qui lui avait été adressée par les Eglises du pays de Gex en exprimant sa sympathie pour l'état de désolation où se trouvaient alors ces Eglises, et ses regrets de ne pouvoir leur venir en aide, en raison des circonstances difficiles où les Eglises de Bourgogne se trouvaient elles-mêmes placées. Cette lettre, datée de Bugney, le 8 novembre, est signée Donis, député du synode de Beaune.

En 1673, les protestants de Beaune se voient contester la liberté d'exercer leur culte. Le 28 novembre de cette année, une ordonnance rendue par les commissaires Salvert et Bouchu — ce dernier intendant de la province — prescrit la démolition du temple de Beaune. Ceux de Paray-le-Monial, de Couches et de Vaux-Jaucourt lui sont associés dans une même condamnation. Les protestants de Beaune et ceux de ces localités interjettent appel. Par arrêt du 5 mars 1674, leur arrêt est admis à être présenté ; mais nonobstant cet appel, l'exercice du culte est interdit provisionnellement et les portes des temples sont murées. Enfin le temple de Beaune, de même que les précédents, tombe, en 1676, sous le marteau des démolisseurs.

La sentence n'ayant pas atteint Volnay, les protestants de Beaune y transportent alors leurs assemblées. En 1682, leur pasteur, Gabriel Héliot, assiste au synode d'Is-sur-Tille comme député de l'Eglise de Beaune, « qui se recueille à Volnay ».

La Révocation arriva. Elle trouva l'Église de Beaune dans une situation plus prospère que ne l'était celle de la communauté protestante de Dijon. La raison de cette différence est aisée à saisir. Dans la ville de Beaune, l'industrie dominait; cette industrie, qui était surtout celle des draps, se trouvait entre les mains de familles protestantes et leur assurait autour d'elles l'influence que donne la richesse. Ces manufacturiers devaient, qu'ils en eussent ou non la volonté, attirer à eux leurs coreligionnaires. Les draps de Beaune avaient alors autant de renommée qu'en ont eu depuis ceux de Sedan ou d'Elbeuf. Il ne faut donc pas s'étonner que Beaune comptât à ce moment deux cents familles protestantes, dont les principales occupaient, entre elles, plus de deux mille ouvriers. A la tête de ces dernières se trouvait une famille Ahn, dont le nom indique une origine allemande, suisse ou alsacienne. A la Révocation, l'industrie beaunoise s'effondra. Les familles réformées émigrèrent pour la plupart. Les unes disparurent rapidement; d'autres hésitèrent, consentirent même à une abjuration presque forcée, croyant sans doute voir leurs temples se relever un jour et leurs pasteurs revenir de l'exil. Ce fut le cas, à Beaune, d'une famille Forneret, sur les angoisses de laquelle quelques détails intéressants nous ont été fortuitement conservés. Nous les plaçons ici parce qu'ils sont typiques.

Un an après la Révocation, en 1686, un gentilhomme protestant, de haute noblesse, qui avait refusé de se convertir, fut arrêté par lettre de cachet, confiné successivement dans différentes localités, puis enfermé à la Bastille et à Loches, et finalement expulsé du royaume. Un de ses premiers lieux d'exil avait été la ville de Beaune. Il eut l'occasion d'y rencontrer la famille dont nous parlons, composée de deux veuves, d'un fils et d'une fille. Ces personnes vinrent au-devant de lui en pleurant et s'écriant qu'elles étaient perdues à jamais si Dieu ne leur faisait miséricorde ; qu'elles avaient trahi la vérité et leur conscience, lui demandant, à mains jointes, de prier Dieu pour elles et de les aider dans leurs angoisses ; qu'elles avaient l'enfer dans le cœur depuis qu'on les avait forcées de signer et d'aller à la messe ; qu'elles voyaient bien qu'il était béni du Seigneur, par la grâce qu'il lui faisait [de demeurer ferme dans sa foi], et que, vraisemblablement, Dieu l'envoyait là pour la consolation des malheureux. Vivement ému de la douleur de ces infortunés, il s'efforça de les consoler par la prière et par la méditation de diverses portions de l'Ecriture sainte, en les encourageant dans le dessein qu'ils avaient formé de se retirer incessamment en Suisse. « Dieu a permis, ajoute le narrateur, qui était en même temps l'auteur principal de cette scène, que j'aie été témoin d'un événement si particulier, afin que je me tienne ferme à lui, en lui demandant instamment, comme je le fais, qu'il me fasse la grâce de persévérer en la foi et en la crainte de son nom. » Il apprit plus tard, avec bonheur, qu'à quelques semaines de là cette famille Forneret, qu'il avait visitée et consolée, était parvenue à sortir de France et à se réfugier à Lausanne, où il paraît qu'une autre branche de la même famille s'était établie longtemps auparavant. Le rang qu'elle occupait à Beaune était des plus honorables. Un avocat, Claude Forneret, était ancien de l'Eglise et fut député à plusieurs des synodes de la Bourgogne [1].

Le temple de Volnay, dernier asile du culte protestant de Beaune, disparut à la Révocation.

II. — Nous donnons ici la liste des pasteurs de Beaune, aussi complète qu'il nous a été possible de l'établir :

1561..... Sébastien Tiran.
1562   —   — Michel Lignol, Jean Mulot.

[1] Signalons encore Philippe Forneret, pasteur de l'Eglise française de Berlin, né à Beaune, le 29 janvier 1666, mort à Berlin, le 26 février 1723. (*Note de l'A.*)

1603..... Caille.
1604..... L'Eglise est momentanément annexée à Dijon (Vosne), dont le pasteur est Cassegrain.
1611-1620 Urbain Blevet (dit Blevet l'aîné).
1621..... Antoine Le Blanc[1].
1626..... François Regnaud (Regnauld)[2].
1637..... Pierre Héliot[3].
1644..... Jean Forneret.
1647-1649 De Carroge ou de Carrouge.
1649..... De Choudens (par prêt).
1654-1656 De Choudens.
1656..... Connin.
1658-1660 Michel du Noyer.
1665..... Charles Perreault.
1665, 1667, 1669 Philippe Riboudeau.
1669-1682 Gabriel Héliot[4].

[1] V. liste des pasteurs de Chalon.
[2] V. liste des pasteurs de Pont-de-Veyle et de Mâcon.
[3] V. liste des pasteurs d'Arnay-le-Duc et de Mâcon.
[4] Gabriel Héliot avait été ministre dans le pays

III. — La famille Belin, à laquelle appartenait l'avocat Nicolas Belin, expulsé en 1562, était évidemment une famille vouée à la jurisprudence, car nous trouvons encore un autre avocat, Jean Belin, de Beaune, réfugié au pays de Vaud, en 1569.

On trouve également à Genève, en 1572, un *Bolin*, de Beaune, au nombre des réfugiés.

Un des premiers réfugiés venus de la même ville fut un Bartholomé *Bouchard*, reçu habitant de Genève le 3 avril 1559. Le nom de cette famille pourrait bien être — sous une forme un peu différente — le même que celui d'une autre famille bourguignonne, celle des Bochart, originaire de Vézelay, et qui, transplantée à Paris dès le xv° siècle, a donné des jurisconsultes et plusieurs pasteurs. Le nom de cette famille des Bochart est quelquefois écrit : Bouchart et même Bouchard. Quoi qu'il en soit, le Bartholomé Bouchard,

de Gex. V. Th. Claparède, *Hist. des Eglises réformées du pays de Gex*, p. 165, ss.

de 1559, dont nous venons de parler, appartenait bien à une famille beaunoise.

Quelques années plus tard, plusieurs membres d'une famille aisée et importante de Beaune, celle des *Massot*, qui avaient cherché un asile dans le pays de Vaud, à la suite des persécutions de 1562, rentrèrent dans leur patrie. C'était aussitôt après le traité de Saint-Germain, le 5 septembre 1570. Dès que la paix fut connue, Jean Massot, grènetier de la ville de Beaune, Jacques, lieutenant général dudit lieu, et Pierre, fils du grènetier, vinrent prendre congé des autorités de Lausanne pour retourner dans leur pays.

C'est aussi dans la ville de Beaune et ses environs que nous retrouvons les descendants de l'érudit Claude Saumaise. Le second fils de l'illustre savant, qui portait, comme son père, le prénom de Claude, quitta la Suède et vint s'établir à Beaune, où il mourut, le 18 avril 1667, à 34 ans.

Louis, le quatrième fils de Claude, sieur de **Saint-Loup,** termina ses jours en

Angleterre. Il y a lieu de croire que c'est lui qui est mentionné comme faisant partie de l'Eglise de Beaune, en 1670. Une fille, Elisabeth-Bénigne, sixième enfant de Claude, était revenue en France avec sa mère. Elle ne put, quoique née en Hollande et malgré de puissantes protections, obtenir la permission de sortir du royaume qu'après avoir souffert de longues persécutions.

La famille maternelle de Claude Saumaise, les Virot, seigneurs de Tailly, figure aussi dans l'histoire de l'Église beaunoise. On y trouve également des *Dolé* ou *Dollé*, et des *Floriet*. Rappelons aussi le nom des La Corne, que nous avons déjà cité à propos de Dijon et des persécutions de 1562.

A Bligny-sur-Ouche, nous remarquons une famille notable du nom de Colinet.

Parmi les anciens du consistoire de Beaune, nous trouvons, comme délégués aux synodes de la province, des Forneret, des Fournier, des Goudaud, des Segaud.

4° Église d'Arnay-le-Duc [1]

Nous ne possédons, sur le passé de l'Eglise d'Arnay-le-Duc, qu'un fort petit nombre de renseignements. Cette Eglise fut, paraît-il, fondée en 1561. A partir de cette date, jusqu'à la fin du siècle, nous ne trouvons rien, à l'exception du nom d'un seul de ses pasteurs.

En 1600, le 16 janvier, Guillaume de

---

[1] Arnay-le-Duc est célèbre par la bataille qui s'y livra entre l'amiral de Coligny et le maréchal de Cossé-Brissac, le 27 juin 1570. Le roi de Navarre, âgé de 16 ans, y fit ses premières armes. Quatre mille protestants, sans canons et sans bagage, fatigués d'une marche très longue depuis huit mois, remportèrent la victoire contre douze mille catholiques, et s'ouvrirent un passage jusqu'à la Charité-sur-Loire. Par la paix qui suivit bientôt cette victoire, Charles IX accordait aux huguenots, pour l'exercice de leur religion en Bourgogne, les faubourgs de Mailly-la-Ville et ceux d'Arnay-le-Duc.

Clugny, baron de Conforgien[1], à la sollicitation de l'Eglise d'Arnay-le-Duc, écrit à la Vénérable Compagnie des Pasteurs de Genève pour demander un pasteur. Sa lettre devait être remise à ce corps par un des anciens de l'Eglise, chargé d'exposer les raisons qui faisaient qu'elle avait besoin d'être aidée. Le 15 mars, la Compagnie répondait à cette démarche par l'envoi d'un jeune ministre nommé Jacques Pierre, dont l'activité fut hautement appréciée dans la contrée. Certains indices nous ont fait supposer que cette activité devait remonter plus haut, et que le nouveau pasteur d'Arnay-le-Duc n'en était pas à ses débuts dans cette ville, lorsqu'il fut désigné par la Compagnie aux suffrages des fidèles. Il semble y avoir travaillé — peut-être temporairement — dès l'an 1596, à l'édifi-

[1] En 1590, les Genevois, serrés de près par le duc de Savoie, avaient offert au baron de Conforgien de succéder, dans le commandement des troupes de la République, à M. de Lurbigny. Il accepta et battit les troupes savoyardes en divers engagements.

cation des protestants de l'endroit. Quoi qu'il en soit, son ministère officiel ne devait pas être de longue durée. Dès le 3 juillet 1600, l'Eglise d'Arnay-le-Duc annonçait à la Compagnie le décès de ce pasteur. Cette mort prématurée fit naître des soupçons d'empoisonnement. A la même date, en effet, un docteur de Beaune, La Corne, qui avait été le condisciple de Pierre, envoie aux pasteurs de Genève une lettre, qui est un véritable procès-verbal touchant le décès de ce jeune homme et l'autopsie pratiquée sur le corps du défunt, autopsie qui, selon le médecin beaunois, avait pour résultat de confirmer les soupçons dont nous venons de parler.

En 1614 et 1620, l'Eglise voit son pasteur, P. Héliot, appelé à l'honneur de représenter la province de Bourgogne aux synodes nationaux de Tonneins et d'Alais. Un de ses anciens, J. Roi, figure aussi au nombre des députés pour le synode national tenu à Charenton en 1644.

En 1685, le temple fut démoli et l'exercice du culte supprimé. Le dernier pasteur d'Arnay-le-Duc, Jean Terrasson, se réfugia à Zurich.

A part ces faits généraux, nous ne possédons plus aucune information, à la réserve de quelques détails concernant plutôt les familles protestantes de la localité.

II. — La ville d'Arnay-le-Duc vit naître, à la fin du xve siècle, le poète Bonaventure des Perriers, protestant fort équivoque, si tant est qu'on puisse le compter au nombre des protestants. Sa biographie ne saurait trouver place dans cette notice, bien qu'il ait été lié avec quelques-uns des personnages marquants de l'Eglise réformée, en Bourgogne et ailleurs. Nous ignorons si la famille de des Perriers a jamais fourni des membres à l'Eglise de sa ville natale.

Parmi les familles protestantes d'Arnay-le-Duc, une famille Bernard figure honorablement dans tout le cours du xviie siècle. En 1600, un Pierre Bernard, avocat, remplit les fonctions de diacre de l'Eglise. En 1671, une dame de cette famille, Diane Bernard, se plaint, dans une lettre, des violences exercées contre elle et contre ses enfants pour obtenir la conversion de ces derniers. En 1682, un second Pierre Bernard exerce la charge d'ancien. Après la Révocation, un médecin, du même nom et du même prénom — identique sans doute avec le précédent — venant du Brandebourg, est assisté à Lausanne en mai 1689.

La famille Bollenat mérite une mention spéciale pour le dévouement qu'elle ne cessa de montrer à l'Eglise réformée. Pierre Bollenat étudiait déjà la théologie à Genève en 1605. Nous le retrouverons en parlant de l'Eglise d'Avallon et de Vaux-Jaucourt, dans laquelle il exerça longtemps son ministère. Il prit part à plusieurs synodes et composa un catéchisme, qui fut publié à Saumur en 1645. Jean-Louis Bollenat, son fils, fut également ministre à

Vaux-Jaucourt; il mourut en 1678. Un petit-fils de Pierre, aussi appelé Jean-Louis, fut pasteur comme son père et son aïeul.

Un fidèle d'Arnay-le-Duc, Jean Nui, fut, en 1644, forcé de donner une pension à sa fille, que des catholiques romains avaient détournée de la foi protestante et qui était entrée aux Ursulines. Ce fut, à ce qu'on prétend, le premier exemple d'un fait qui devait, plus tard, se renouveler bien souvent.

Nous trouvons un Abraham Garnier au nombre des anciens de l'Eglise, en 1678, au synode provincial, et un Louis Delor assiste, avec la même qualité, à celui de 1682.

Une famille Dufoing, ou Dufoin, est représentée, en 1683, par un Jacques Dufoing, diacre d'Arnay-le-Duc. Le même, suivant toute apparence, réfugié à Genève, en 1693, y est assisté.

A la même Eglise appartiennent encore un ministre réfugié, du nom de *Rosier*, ainsi qu'une famille *Poncet*, faisant également partie du Refuge. Les listes des délégués aux synodes provinciaux donnent les noms suivants : Blancey, Brignard, Brizard, Brazé ou Jaucourt de Brazé, de Conforgien, Delor, Rey de Morande, de la Mole de Thiéry.

III. — Les pasteurs qui desservirent cette Eglise furent, à notre connaissance :

....	Jean de Brunes[1].
1596 (?)..... 1600	Jacques Pierre.
1600 - 1620.....	Pierre Héliot.
1626 - 1634.....	François Manget.
1637 - 1649.....	Jean Mauvin.
1656............	Bruys (par prêt).
1660............	Melch. Pinaud.

[1] D'abord pasteur à Russin (canton de Genève) il fut prêté à l'Eglise d'Arnay-le-Duc, puis à celle de Lyon. En 1603, il tomba malade et mourut à Lyon l'année suivante. Ses livres, achetés par le Consistoire de Lyon, formèrent le fond de la bibliothèque de cette Eglise. (*Bull.*, XII, 485.)

1665........1669 Etienne Jordan[1].
1669, 1671...... Riboudeault[2].
1678........1685 Jean Terrasson.

[1] Courtépée, IV, 33, dit qu'on remarquait, parmi les ministres d'Arnay-le-Duc, Héliot, *Jourdan*, Mont-Sanglard et Terrasson. Il ajoute qu'en 1700 il y avait encore six ou sept familles huguenotes dans cette ville; mais « il n'y en a plus depuis 1740 ».

[2] Cf. de Félice, *Les Protestants d'autrefois*, 3e série, p. 302. Phil. Riboudeault (Riboudeau) avait été pasteur à Beaune.

5° Eglise de Châtillon-sur-Seine

I. — Nous ne possédons presque aucune donnée sur l'histoire de cette Eglise, qui, fondée en 1561, fut engloutie, avec toutes les autres, dans la catastrophe finale de 1685. Nous savons seulement qu'un de ses pasteurs, Jean Gravier, fut décrété de prise de corps à la suite d'une émeute suscitée à Avallon, par le cordelier Duhan, au sujet du synode provincial tenu en 1667. [1]

II. — Il serait plus aisé de faire connaître les noms de quelques-unes des familles ayant appartenu à cette Eglise, si l'on pouvait toujours distinguer la localité dont il s'agit d'avec ses nombreux homonymes. Mais il n'en est pas toujours ainsi, souvent le nom de Châtillon se présente

---

[1] Voir plus loin, p. 85.

seul, sans autre désignation. Il nous paraît cependant certain qu'on peut citer, au nombre des anciens de l'Eglise dont il s'agit, Jacques de Jaucourt, député de la province au synode national de Saint-Maixent, en 1609. Les listes des députés aux synodes provinciaux donnent encore les noms suivants : Colet, Colomb, Joffrey, Maunin, Noire, Ravel, Promeray, Vernot, Viennot, Vulquin.

Les noms de famille Bontemps et Cormeuil doivent aussi avoir été portés par des membres de l'Eglise réformée de Châtillon-sur-Seine [1].

III. — Voici, parmi les noms de ses pasteurs, ceux qui sont parvenus jusqu'à nous :

1583-1584..... Bernard Casenave.

---

[1] Les parents d'un célèbre magistrat genevois, Robert Chouet, appartenaient à une famille originaire de Châtillon-sur-Seine et s'étaient probablement fixés à Genève en fuyant les persécutions de 1562, ou celles de la Saint-Barthélemy, dix ans plus tard. (*Note de l'A.*)

1610,1620,1625 Noé Gautier [1].
1626......... Samuel Rondot.
1637......... Gédéon Guyonnet [2].
1657-1660..... Salomon de Carrouge [3].
1665......... Jacob Bourrée.
1665-1678..... Jean Gravier.

[1] Noé Gautier est déposé pour schisme en 1625. *(Id.)*
[2] V. liste des pasteurs de Dijon.
[3] Né à Couches en Bourgogne. Il avait été pasteur à Beaune, v. p. 66.

6° Eglise de Saint-Jean-de-Losne [1]

Les habitants réformés de cette petite ville et ceux de diverses localités du voisinage, parmi lesquelles on doit compter la ville de Seurre, durent se constituer en Eglise dans les dernières années du xvi⁰ siècle. C'est ce qui ressort d'une lettre adressée, le 14 mai 1600, à la Vénérable Compagnie de Genève, par les Eglises du bailliage de Dijon, lettre qui fut présentée à ce corps par le président Brocard. Ce document nous montre les fidèles de Saint-Jean-de-Losne et des contrées avoisinantes demandant instamment à la Compagnie de leur procurer un pasteur et s'appuyant, dans ce but, sur les heureux résultats obtenus déjà par le ministère des

---

[1] Ne figure pas dans la liste de 1603. Se trouve dans la liste de 1620 et 1626.

pasteurs Gaussen et Pierre accordés aux Eglises d'Is-sur-Tille et d'Arnay-le-Duc. Cette lettre est malheureusement le seul document officiel qui nous soit resté, touchant l'existence de l'Eglise de Saint-Jean-de-Losne. Avant le milieu du xviie siècle, cette Eglise disparaît. Nous ne la voyons plus représentée aux synodes. On constate seulement, en 1650, l'existence, à Saint-Jean-de-Losne, d'un cimetière protestant, mais il n'est plus question de temple, ni de culte.

Pasteurs :

1611..... L. de la Coste (Dijon et Saint-Jean-de-Losne).
1618-1626 David Roi.

En 1637, l'Eglise est sans pasteur. Une décision du synode provincial la réunit à celle de Beaune.

Comme noms de famille, nous trouvons :

A Saint-Jean-de-Losne, des Bernier, des

Bleuvet ou Blevet, des Coquerou, des Plenor[1] et des La Roche, dits Boulier. A la famille Blevet appartenait sans doute cet Urbain Blevet, qui était pasteur à Beaune, en 1620. Un Antoine La Roche dit Boulier, de Losne, fut pasteur à Vandœuvres, sur les terres de Genève (1560-1562), puis à Lyon (1562)[2]. L'Eglise a eu des anciens du nom de Coquerou et de Mutin.

A Seurre, nous rencontrons des Bliny et des Courtois. La première de ces familles tirait peut-être son nom du village de Bligny-les-Beaune. La seconde a donné un pasteur à l'Eglise de Paray-le-Monial[3].

---

[1] Un Plenor, de Saint-Jean-de-Losne (Jacques), dont la fille, Anne, épouse, 14 mai 1658, à Genève, Samuel Royaume, orfèvre. *(Note de l'A.)*.

[2] Cf. *Bull.*, XII, 482.

[3] Voir ci-après, p. 125.

7° Eglise d'Avallon et Vaux-Jaucourt[1]

I. — Les deux localités que nous venons de nommer, fort peu distantes l'une de l'autre[2], constituèrent, dès la fin du xviᵉ siècle, un groupe de population protestante, à la tête duquel nous rencontrons tantôt un, tantôt deux pasteurs, mais sur la formation et l'existence duquel nous ne possédons presque aucune donnée. Jacques Couët, pasteur, attaché aux Jaucourt, chefs de la noblesse huguenote en Bourgogne, est député, en 1579, par les Églises de cette province, au synode natio-

---

[1] Vaux et Avallon figurent séparés dans la liste de 1603. Avallon figure seul dans celle de 1620 et 1626. Les deux noms sont accolés dans la liste de 1637. Enfin, dans la liste de 1660, Avallon disparaît, et Vaux, Noyers et Vézelay sont mentionnés comme desservis par un seul pasteur.

[2] Vaux-Jaucourt, aujourd'hui Vault-de-Lugny ou Le Vault-de-Lugny, est à cinq kilomètres d'Avallon.

nal de Figeac qui l'élut son vice-président.

Pierre Bollenat, d'Arnay-le-Duc, qui desservit les Eglises d'Avallon et de Vaux entre 1617 et 1649, fut député par la province de Bourgogne aux synodes nationaux d'Alais, 1620, et de Castres, 1626, ainsi qu'à ceux tenus à Charenton en 1631 et 1644.

Le 15 juin 1667, le synode provincial s'ouvrit à Vaux-Jaucourt[1]. Un cordelier nommé Duhan, fit tout ce qu'il put pour provoquer à cette occasion quelque désordre. Il n'y réussit que trop bien. Il y eut émeute, les maisons de beaucoup de protestants furent pillées. Le parlement de Dijon intervint alors, au préjudice de la Chambre de l'Edit, et l'intendant Bouchu condamna à une forte amende, non pas les provocateurs, mais leurs victimes. Plusieurs protestants, entre autres le pasteur de

---

[1] Cf. Ernest Petit, *Avallon et l'Avallonnais* (Auxerre, Gallot, 1868).

Châtillon, Gravier, furent décrétés de prise de corps, et le roi fut supplié de faire démolir tous les temples du bailliage d'Avallon.

En 1673, le temple de Vaux-Jaucourt est frappé d'interdiction comme ceux de Beaune, de Couches et de Paray-le-Monial, muré immédiatement, puis démoli, de même que ces derniers, en 1676. L'exercice du culte est même temps défendu dans cette localité. Cependant, comme rien ne prouve qu'il l'ait été simultanément à Avallon, et que nous voyons l'Eglise, ainsi frappée, conserver un pasteur jusqu'en 1685, on peut admettre que le service divin se continua, quelques années encore, dans cette dernière ville, dont Vaux-Jaucourt n'est éloigné que d'une lieue à peine. Plus tard, dans les temps qui précédèrent immédiatement la Révocation, la double Eglise d'Avallon et Vaux pourrait bien avoir été contrainte de se fondre avec celle de Noyers, malgré la distance très considérable qui la séparait de cette dernière.

Etienne Jourdan, l'avant-dernier pasteur de Vaux-Jaucourt, est réfugié à Lausanne dès 1683.

Le dernier pasteur, Jacob Blanc, cherche un refuge à Berlin au moment de la Révocation et meurt dans cette capitale en 1724.

II. — Vaux-Jaucourt était un des fiefs de l'illustre maison de Jaucourt, de laquelle sont issus les Villarnoul, les Rouvray, les d'Ausson, et dont certaines branches ont figuré dans l'histoire du Refuge. Une autre branche est restée en France, toujours fidèle à la communion réformée. Jean de Jaucourt, seigneur de Villarnoul, gendre de Duplessis-Mornay, est, comme ancien d'Avallon, député de la province de Bourgogne au synode national de La Rochelle, en 1607, et à celui de Tonneins, en 1614 [1].

[1] Son fils aîné, Philippe de Jaucourt, seigneur de Villarnoul, baron de La Forêt-sur-Sèvre était, comme son père et son illustre grand-père

En 1669, un Jean Coulon était avocat à Vaux-Jaucourt. Un personnage des mêmes noms, prénoms et qualités, — le même probablement, malgré une légère variante dans l'orthographe du nom de famille (Coulom),— assiste, pour l'Eglise de Vaux-Jaucourt, au synode provincial d'Is-sur-Tille, en 1682. Ces Coulom étaient des gentilshommes verriers.

Un autre membre de la même Eglise, Louis de l'Isle, seigneur d'Olon et de Conforgien, mari de Marthe de Jaucourt, sa cousine, héritière de Vaux-Jaucourt, fut enfermé à Loches en 1686 pour avoir tenté de faire passer ses enfants en Angleterre auprès de leur mère. Ses deux fils furent mis

maternel, Duplessis-Mornay, un des gentilshommes les plus instruits de la France. C'est en grande partie sur le conseil de Philippe de Jaucourt qu'Amyraut se décida à écrire le traité de morale qu'il intitula, en admirateur de la *Morale à Nicomaque, la Morale chrétienne à Monsieur de Villarnoul* (Saumur, 1652-1660, 6 vol.). En 1659, il avait été chargé des fonctions de commissaire protestant pour l'exécution des édits dans la **Saintonge**.

au collège des Jésuites. Expulsé plus tard, il se retira en Hollande, où sa femme vint le rejoindre, et fut pensionné par la princesse d'Orange. Il mourut en 1695.

L'Eglise envoya, aux synodes provinciaux, des anciens appartenant aux familles Collenas, Doigs, de Jaucourt, Mauneray et Roux.

III. — Les pasteurs qui desservirent l'Eglise d'Avallon et Vaux-Jaucourt, sont, à notre connaissance :

1576......... Jacques Couët (Avallon)[1].
1603 — 1610 Margonne (Avallon).
....1617-1649 P. Bollenat (Avallon et Vaux).
....1667..... Jean-Louis Bollenat[2].

[1] D'après *la France protestante*, il fut ensuite pasteur à Villarnoul, de 1579 à 1584. — Jacques de Jaucourt, fils de Jean, dit Courtépée, établit à Villarnoul le ministre Jacques Louet (Couet), qui en parle avec éloge dans son livre des *Controverses sur l'Eucharistie*.

[2] Cité à cette date dans une pièce du dossier Noyers, voir ci-dessous.

1669,1682.... Etienne Jourdan[1] (Vaux).
.........1685 Jacob Blanc [2].

[1] Après la Révocation, réfugié en Hollande, Etienne *Jordan, ci-devant ministre en l'Eglise du Vaux-Jaucourt,* âgé de soixante-quatorze ans, adresse une requête aux Etats généraux des Pays-Bas, en vue d'obtenir une pension. V. *Bull.,* XXXVII, p. 474.

[2] De Briançon en Dauphiné.

8° Eglise de Noyers [1]

Cette Eglise existait déjà en 1562 [2]. Le 20 avril de cette année, après les massacres d'Auxerre et de Sens, elle se voit contrainte de renvoyer momentanément son ministre, Pierre Bollot, pour le préserver des dangers qu'il pouvait courir. Elle en prévient la Vénérable Compagnie de Genève en le lui recommandant. La lettre est signée : Berthier, surveillant ; Brailhon, scribe, (secrétaire), Dathin, diacre.

---

[1] Il existe à la bibliothèque de la Société d'histoire du protestantisme français un « dossier Noyers » que M. Naef n'a pu consulter. M. de Félice en a tiré quelques renseignements pour ses *Protestants d'autrefois*. Voir les trois séries, *passim*.

[2] En 1560, l'Eglise de Noyers, tout organisée, était desservie par plusieurs pasteurs. (Paul Marre, *Essai sur la Réforme dans le département de l'Yonne*, Cambrai, 1883, thèse présentée à la Faculté de théologie protestante de Paris.)

A partir de cette époque, nous ne trouvons plus aucun renseignement sur cette Eglise que la Révocation fit disparaître.

L'Eglise de Noyers[1] eut pour pasteurs :

1562.......... Pierre Bollot.
1611.......... Margonne.
.....1619..... Herbinot [2].
1626,1637,1649 Jean Compérat.
1660-1665..... Jean-Louis Bollenat (Vaux-
       Jaucourt et Noyers).
1667,1678,1682 Jacob Blanc.

David Pierre, ancien de cette Eglise, assiste au synode provincial de 1678; André de Chandéon, sieur de la Vallette, la représente, en la même qualité, à celui de 1682.

Outre les noms de famille que nous avons mentionnés, nous trouvons ceux de Bissac, Boileau, Follot, de Lisle, Le Seurre et Pelletier de Monceaux.

---

[1] Qui « se recueillait » à Sarry, village à six kilomètres de Noyers.
[2] V. listes des pasteurs d'Autun et Couches.

RUINES DU CHATEAU DE NOYERS
d'où s'échappèrent, le 25 Août 1568, Condé et Coligny que la
reine-mère avait ordonné de surprendre
(début de la IIIᵉ guerre de religion).

*
* *

Il a existé encore, soit au xviie siècle, soit surtout à la fin du xvie, plusieurs petites Eglises, ainsi que divers groupes, plus ou moins considérables, de population protestante qui peuvent se rattacher au colloque de Dijon.

Tels sont d'abord : Saulieu, Nuits et Auxonne, dans la Côte-d'Or. Des Eglises existaient, en 1562, dans ces trois localités.

Le 4 février 1562, l'Eglise de Saulieu demande un pasteur à la Vénérable Compagnie de Genève. La même année, nous la trouvons pourvue d'un pasteur nommé Jean Leroy. Une famille *Coudray*, originaire de cette localité, est réfugiée à Genève en 1572[1].

L'Eglise fondée à Nuits devint bientôt dépendante de Dijon. En 1583, le 30 mai,

---

[1] V. *Fr. pr.*, art. *Coudray*. Jean Coudray, de Saulieu, drapier, est reçu « habitant » de Genève en 1572.

Théophile Cassegrain, qui exerçait alors son ministère à Dijon, écrit à Théodore de Bèze pour lui recommander chaudement un jeune étudiant, originaire de Nuits, lequel était, dit-il, « du nombre de ses brebis et armailles ».

A Auxonne, nous rencontrons, en 1562, un pasteur du nom de Poteau. Le 20 avril de cette année-là, ce pasteur, envoyé depuis quatre mois à Auxonne, écrit à la Vénérable Compagnie qu'il ne peut plus exercer son ministère, vu la cruauté du capitaine de la ville. Il semble cependant, à la même date, avoir eu un successeur dans la personne d'un autre ministre appelé Laplanche, décédé l'année suivante à Flameaux près Auxonne. Au cours de cette année 1562, les protestants d'Auxonne subirent les mêmes persécutions que nous avons vu se déployer dans toute la contrée. Ils furent alors expulsés de la ville par Tavannes. Le maire d'Auxonne, Girard, eut sa maison dévastée. Sa bibliothèque et ses papiers furent détruits par son beau-frère, qui était un des chanoines de la collégiale de Beaune.

Auxerre, Sens [1] et Joigny (Yonne), possédèrent, à la même époque, des Eglises réformées, que la persécution fit bientôt disparaître. — On trouve mentionnée une famille protestante, du nom de Bellot, de Montréal-en-Auxerrois.

A Miribel (Mirebeau, Côte-d'Or), existait, en 1561, un groupe plus ou moins considérable de protestants. Cette petite Eglise s'adresse, le 9 décembre, à la Vénérable Compagnie de Genève, pour en obtenir un pasteur. Elle subsistait encore, dans la seconde moitié du XVIIe siècle, et avait alors pour pasteur ce même Prudent Gauthier, qui passa, en 1678, au service de l'Eglise d'Is-sur-Tille. Un Daniel *de Charmes*, de cette localité de Miribel, réfugié à Lausanne, y est assisté en 1689, 1690 et

---

[1] V. sur le protestantisme à Auxerre et à Sens, Paul Marre, *Op. cit.* — C'est abusivement que l'on disait *Sens en Bourgogne;* Sens faisait partie de la Champagne.

1698. Il quitte alors la Suisse pour s'établir à Berlin.

Des Eglises étaient aussi constituées, en 1562, à Bar-sur-Seine (Aube), à Châtillon-sur-Loing (Loiret) — qui eut pour pasteur, de 1551 à 1557, un Philippe Durzy[1], et parmi ses fidèles des Eude et des Bernard, — à Cravant, à Vézelay[2] — où nous trouvons des Saumaise et des Bergier — et dans une localité appelée Tannière (peut-être Tannay-en-Nivernais).

Une Eglise existait, en 1604, à Boucey, près de Châtillon. Elle envoie, au synode provincial de 1604, un ancien du nom de Doisy.

A Semur, nous retrouvons encore les Saumaise; à Château-Chinon, dans le Morvan, existaient tout au moins des familles protestantes, des *Le Fèvre* et des *Girardot*, qui appartiennent au Refuge. Un

[1] Les pasteurs Merlin et Jean Malot furent aumôniers de l'amiral, à Châtillon-sur-Loing.
[2] On disait aussi fréquemment *Vézelay en Bourgogne*, alors que Vézelay faisait partie du Nivernais.

Isaac Le Fèvre, juriste, avait étudié à Genève en 1663. Condamné aux galères, en 1686, pour avoir voulu sortir de France, il mourut en prison en 1702. Un de ses frères passa en Danemark. Un autre (nouveau converti), orfèvre à Paris, est jeté à la Bastille, évidemment parce que sa conversion n'était pas jugée assez solide. La famille Girardot est également persécutée; un de ses membres, Jean, va s'établir en Angleterre.

Vitteaux, dans la Côte-d'Or, est la patrie d'un célèbre publiciste protestant, Hubert Languet, né dans cette localité en 1518. Son père, Germain, en était gouverneur. Languet fut intimement lié avec Mélanchthon, qu'il aimait comme son père spirituel. Doué d'un goût très vif pour les voyages, il visita l'Espagne, l'Italie, l'Allemagne, l'Angleterre, la Livonie, la Suède et même la Laponie. Après la mort de Mélanchthon, il entra, à titre d'agent diplomatique, au service d'Auguste, électeur de Saxe. Envoyé auprès de Charles IX, après la paix de Saint-Germain, en 1570, il félicita le roi de ses intentions pacifiques et le supplia d'accorder à ses sujets protestants la liberté de conscience. Les protestants, hélas! furent, cette fois encore, cruellement trompés par Catherine et ses conseillers, parmi lesquels on a le regret de compter le maréchal de Tavannes. Languet se trouvait à Paris le jour de la Saint-Barthélemy. S'oubliant lui-même, après avoir mis en sûreté son ami, l'imprimeur Wechel, il ne songe qu'à sauver la vie du jeune Du Plessis-Mornay, auquel il s'était tendrement attaché. Arrêté et jeté en prison, il fut libéré, non sans peine, à la demande de Jean de Morvilliers, premier conseiller d'Etat. Languet appelle la Saint-Barthélemy une tache éternelle, le plus odieux et le « plus stupide des crimes ».

Plus tard, envoyé à Vienne, comme ses ennemis (les autres représentants de l'électeur de Saxe, jaloux de son influence) lui reprochaient des relations trop fréquentes avec les diplomates français, il dit: « Quoi-

HUBERT LANGUET
né à Vitteaux en 1518, mort à Anvers en 1581.

que ma patrie m'ait traité en marâtre, elle n'a pu se rendre coupable envers moi d'assez d'injustices pour effacer entièrement mon amour pour elle ; cet amour a toujours été mon sentiment le plus doux ; aussi, quand tout ce que j'entendais dire me fit croire à la possibilité de la paix, ai-je employé tous mes efforts à la faire conclure[1]. »

Il mourut à Anvers, en 1581, assisté dans ses derniers moments par la noble épouse de Du Plessis-Mornay. Celui-ci, dans la préface de son traité de « La Vérité de la Religion chrétienne », écrit à la demande de Languet, rend un magnifique hommage à l'ami qu'il vénérait comme un père.

[1] *Hubert Languet*, par Henri Chevreul. Paris, 1856.

II

COLLOQUE DE CHALON

Ce colloque comprenait, d'après la liste de 1637[1], huit Eglises, savoir : Chalon, Paray-le-Monial, Maringues, Bourbon, Moulins, Pont-de-Vaux et Belleville, Buxy et Cluny, Autun et Couches[2].

[1] Liste présentée au synode d'Alençon.
[2] La liste de 1620 et 1626 ne portait pas les noms de Moulins, de Belleville, de Cluny et d'Autun, mais il y figurait Chirat, dont le pasteur était Paul Canet. Dans la liste des Eglises présentée au synode de Gap en 1603, Chirat fait partie de la province ecclésiastique Orléanais et Berry. A cette date, le pasteur était un Jurieu. Nous avons relégué en note cette Eglise à laquelle M. Naef avait donné une place dans le texte, à cause du peu de renseignements que l'on possède sur elle.

1° Eglise de Chalon

I. — La Réforme fut prêchée à Chalon, vers 1559, par François Guilleteau, originaire de Gien, Antoine Papillon et Philibert Grené. Elle y trouva un accueil favorable, surtout, à ce qu'il paraît, auprès de la classe moyenne de la population; car, bien qu'elle comptât au nombre de ses prosélytes un assez grand nombre de personnes d'une condition modeste, la majeure partie de la classe inférieure semble être restée toujours à la dévotion du clergé romain. Quoi qu'il en soit, ses partisans se multiplièrent bientôt tellement, qu'il fallut, en 1561, appeler deux nouveaux pasteurs : La Motte et Dupré (appelé aussi Du Prey et parfois Du Pareil ou Du Péril). L'année suivante (1562), les protestants étaient déjà maîtres de la ville. La Réforme

La Rue aux Fèvres, a Chalon-sur-Saone
où se trouvait le premier lieu de culte en 1562.

y fut alors établie[1], non pas, à ce qu'il semble, d'une manière exclusive, mais sur un pied d'égalité avec le culte catholique. Elle avait des adhérents parmi les fonctionnaires publics; ainsi le procureur du roi, Denis Lubert, étant mort, on l'ensevelit « à la mode huguenote ». Plus tard, il est vrai, il fut exhumé et placé dans l'église des Carmes.

Malheureusement on était, à ce moment, en pleine guerre civile. Un corps de l'armée des huguenots, sous les ordres du célèbre capitaine Dupuy-Montbrun, occupe momentanément la cité. Tavannes l'y assiégea. On combattit sous les murs de Chalon. Enfin Montbrun se voyant dans l'impossibilité de garder la place, en sortit avec ceux des réformés qui purent se ré-

---

[1] Le premier lieu de culte était une maison de la rue aux Fèvres, cédée par la Ville aux protestants qui la firent aménager. Devenue trop petite, elle fut remplacée la même année ou l'année suivante par les Halles, cédées également par le Conseil de la Ville.

soudre à quitter leurs foyers ¹. Ces derniers ne furent pas heureux dans leur retraite. Les troupes catholiques les pillèrent et en massacrèrent plusieurs. Dans la ville, une réaction catholique se produisit. La populace déterra le cadavre d'un des lieutenants de Montbrun qui avait été tué pendant le siège et enseveli dans l'église de Saint-Vincent ; elle traîna ce corps dans les rues et le précipita dans la Saône. Trois huguenots furent condamnés à mort par le parlement de Dijon, malgré l'édit de pacification. C'étaient, nous dit-on, Louis Darse, trompette de la ville, Jean Vin, fils d'un cabaretier, et le ministre Jean *Guillotat* (sic). Leurs têtes, envoyées à Chalon, furent placées devant l'église des Carmes. Faut-il voir dans ce ministre, ou prétendu tel, le pasteur François Guille-

---

[1] D'après l'auteur de l'*Hist. ecclés.*, Montbrun évacua Chalon le dernier jour de mai (1562), et commit ainsi « une des plus grandes fautes et des plus importantes qui soit advenue en toute cette guerre ». (*Hist. ecclés.*, III, 408).

teau? Ce n'est pas impossible. Mais il se peut aussi que ce dernier ait réussi à se dérober aux fureurs des ennemis de la Réforme. Les biens des fugitifs furent confisqués, et les réformés qui étaient restés furent mis à l'amende.

Les protestants de Chalon reprirent cependant courage. Ils firent présenter, par Claude Lambert et Jean Dablan, une requête pour avoir un maître d'école. Cette demande fut rejetée. Le 9 novembre 1562, nous les voyons s'adresser à la Vénérable Compagnie de Genève aux fins d'obtenir un deuxième pasteur pour seconder Dupré (appelé ici Du Pareil), au zèle duquel ils rendent d'ailleurs le meilleur témoignage. Dans leur requête, signée C. Crestin, ils sollicitent nommément l'envoi d'un ministre orléanais appelé Dancan, en exprimant l'espoir « que cette pauvre Bourgogne pourra être gagnée au Seigneur ».

En 1567, on inquiéta encore les protestants en leur imputant le projet de s'emparer de nouveau de la ville. Mais il ne paraît pas que cette accusation reposât sur aucun fondement solide.

En 1572, le pasteur Dives est massacré à Chalon-sur-Saône. La *France protestante* relate le fait, sans donner les détails de cette mort.

En 1600, l'Eglise de Chalon reçoit un lieu d'exercice (nommé premier lieu du bailliage)[1], et en jouit durant trente-sept ans.

En 1604, les protestants de Chalon chargent leur concitoyen et coreligionnaire Job Bouvot, avocat au parlement de Dijon, de faire valoir auprès du gouvernement les raisons qui s'opposaient à l'établissement des Jésuites dans cette ville.

En 1630, les réformés sont exclus de tous les métiers par un article des statuts politiques de la ville. Nous ne savons ni sur quoi une semblable mesure pouvait s'appuyer, ni si elle fut appliquée dans toute

[1] Le temple fut construit aux portes de la ville et inauguré le 13 janvier 1602.

sa rigueur. En tout cas, elle n'eût guère été réalisable si les protestants eussent alors été en majorité dans la classe ouvrière, ce qui confirme ce que nous avons dit plus haut à ce sujet.

En 1635, le prince de Condé, gouverneur de Bourgogne, interdit de célébrer le culte protestant à certaines heures du jour, dans le temple de Chalon, vu sa proximité de l'église catholique. Cette chicane avait un but, comme nous le verrons tout à l'heure, et ce but n'était autre que d'exclure le culte réformé de l'enceinte de la ville, ce qui ne tarda pas à se réaliser. En même temps, le gouverneur donne ordre aux protestants de tapisser leurs maisons pour les processions et d'enterrer leurs morts à la nuit close.

En 1637 arrive enfin l'ordre de démolir le temple. Cet ordre, donné par le même gouverneur, est exécuté sans délai.

En 1640, le prince ordonne au pasteur de Chalon, Amédée de Bons, d'aller s'établir à Buxy. La même année, sur la demande des réformés de bâtir un autre temple, Condé leur assigne pour lieu d'exercice Perrigny-en-Bresse, localité située à deux lieues de Verdun. Les protestants, trouvant ce lieu trop éloigné, obtiennent alors, toujours en 1640, du Conseil du roi, un arrêt portant rétablissement d'un temple à Charé-Conduit, à une demi-lieue de Chalon, mais le clergé catholique s'oppose à son exécution [1].

En 1654, le 28 mai, à la poursuite de l'avocat Lazare Bouvot (fils de Job), un second arrêt du Conseil est rendu en confirmation du premier, mais il reste inexécuté par suite de l'opposition de l'official du diocèse, et, le 1er juin 1655, le parlement fait défense d'exécuter les deux arrêts précédents. Le 18 février 1656, intervient un troisième arrêt du Conseil, en sens contraire, celui-ci rendu sur l'appel du clergé romain.

[1] Courtépée, parlant de Charé-Conduit, dit : « Les calvinistes y ont tenu leur prêche ». (III, 365).

Les protestants de Chalon se virent dès lors, et pendant un certain temps, privés de toute espèce de culte. Cependant, nous pouvons constater qu'en 1665, l'exercice de leur religion leur était permis dans une localité située à quatre lieues de la ville.

En 1663, l'Eglise de Chalon envoie un don de cinquante livres aux protestants du pays de Gex pour leur venir en aide dans leur détresse[1].

[1] La persécution sévissait alors avec une extrême violence dans le pays de Gex. (V. Th. Claparède : *Histoire des Eglises réformées du pays de Gex*). Un arrêt du Conseil (23 août 1662) venait d'ordonner la démolition des temples, à l'exception de ceux de Sergy et de Fernex. Voici la lettre accompagnant le don auquel il est fait allusion :

« De Chalon, ce 7 août 1663.

« Monsieur,

« Nous sommes sensiblement touchés de vos
« maux et prions Dieu qu'il vous regarde en ses
« compassions, afin de vous en donner délivrance
« pour vous réjouir, au lieu des jours qu'il vous
« a désolés d'une désolation si grande ; nous joi-
« gnons nos prières aux vôtres pour le supplier
« d'être apaisé envers vous et faire que la jus-
« tice de votre cause soit connue et vous soit

110   LA RÉFORME EN BOURGOGNE

En 1678, elle se fait représenter par deux de ses anciens, François Coulon, avocat, et Philippe Plantamour, au synode provincial d'Is-sur-Tille.

Sa position, cependant, devenait chaque jour plus difficile. Non seulement, les protestants étaient sans cesse obligés de transporter leur culte d'un endroit à un autre, mais encore ils ne possédaient pas même un lieu de sépulture décent, et leur cimetière devenait le dépôt des immondices de la ville, une voirie dans toute l'étendue du terme.

Ces vexations eurent pour couronnement, le 21 avril 1681, un arrêt du Conseil

« ensuite rendue. Suivant la résolution prise ci-
« devant, nous avons envoyé à M. Got, à Lyon,
« suivant votre ordre, par cet ordinaire lettre de
« change de cinquante livres. Il ne s'est pu faire
« davantage pour le présent, vous priant d'agréer
« nos souhaits et de nous croire, Monsieur,
   « Vos très humbles et obéissants serviteurs,
« et pour tous les anciens de l'Eglise réformée
« de Chalon.
   « J. GIRARD.   JANTHIAL.
« *A Monsieur Rey, M., à Gex* ».

interdisant aux protestants le séjour de Chalon. C'était la fin de l'Eglise ; la Révocation de l'édit de Nantes ne pouvait plus faire autre chose que d'en disperser les débris.

Pour ne pas interrompre notre récit, nous avons omis de dire que l'Eglise de Chalon fut représentée, en 1637, au synode national d'Alençon, par son pasteur Amédée de Bons, et, en 1659, à celui de Loudun, par Samuel Janthial, un de ses anciens.

II. — Il faut compter probablement, parmi les protestants de Chalon, Celse-Hugues Descousu, jurisconsulte, né dans cette ville vers 1480. Il fut du moins du nombre des juristes qui penchèrent fortement dans le sens de la Réforme. Sa carrière se prolongea assez loin dans le cours du XVIe siècle, mais elle est en somme peu connue.

Philibert Guide, procureur du roi au

bailliage de Chalon-sur-Saône, y était né le 22 mars 1535. Ses fonctions judiciaires ne l'empêchèrent pas de cultiver ses remarquables talents de poète et de fabuliste. On possède de lui un volume de vers daté de 1583 et contenant les pièces suivantes : *La Colombière et maison rustique; les Epithètes poétiques des arbres, plantes, herbes, animaux terrestres et aquatiques, des pierres précieuses et métaux, avec leurs propriétés; l'Ostracisme ou exil honorable; l'Abeille française; fables morales et autres poésies.*

La Colombière et maison rustique contient « une description des douze mois et quatre saisons de l'année, avec enseignement de ce que le laboureur doit faire par chacun mois ». La dédicace à Charles de Lorraine, duc de Mayenne, gouverneur du duché de Bourgogne, exprime bien la lassitude qu'avaient produite les guerres civiles et combien on jouissait alors de la paix. Celle-ci était garantie par le traité signé à Fleix (Périgord) le 26 novembre 1580 entre le duc d'Anjou et Henri de Navarre et ratifiée à Blois le mois suivant par Henri III. Cette paix n'assurait pas une grande sécurité sans doute, mais assez cependant pour détendre les esprits. On se reprit à vivre, à espérer. De nouveaux Virgiles recommencèrent à célébrer les travaux champêtres si longtemps délaissés et parmi eux Philibert Guide, de Chalon-sur-Saône. Voici en quels termes il invite Mayenne à s'intéresser aux travaux des champs :

> Si quelquefois Achille foudroyant
> Sa main guerrière a joint au luth d'ivoire,
> Tu peux ainsi, ô César, en ployant
> Ton étendard, jà comblé de victoire,
> Te recréer, lisant dedans mes vers,
> Des paysans, les passe-temps divers.

Ses *Fables morales* ont assez de verve et de simplicité pour qu'on ait pu, sans trop d'exagération, l'appeler le prédécesseur de La Fontaine.

MM. Haag, dans la notice qu'ils consacrent à Philibert Guide, dans la *France protestante*, disent qu'il mourut à Mâcon, le 29 novembre 1595, au retour d'un voyage qu'il avait fait à Genève pour y embrasser la religion réformée. Nous ne pouvons nous reporter à la source de cette information, car elle n'est pas indiquée, mais il demeure certain, pour qui lit le recueil publié en 1583, que Philibert Guide était déjà protestant à cette époque. Quel est son poète favori ? A deux reprises, il cite des vers de Du Bartas. Son inspiration est la même que celle du grand poète huguenot. Nous trouvons aussi, dans une dédicace au comte de Charny, une allusion élogieuse à son intervention pour que la Saint-Barthélemy fût épargnée à la Bourgogne :

Les petits font les grands, toi, Grand, nous es un
[père,
D'où s'accroît ton honneur, eux auront vitupère ;
Car l'assassin meurtrier, barbare et inhumain
Dans ce temps misérable a sanglanté sa main,
N'a touché ton troupeau, tant ton âme bénigne
A repoussé l'effort de sa fureur maligne.
Ton renom honorable à jamais en sera.

Ces vers, il est vrai, eussent pu être signés d'un politique non rattaché à l'Eglise réformée. On n'en peut dire autant de la pièce intitulée : *L'Ostracisme ou Exil honorable*, dédiée à Jean de Saint-Léger, qu'il loue d'avoir préféré l'exil à l'abjuration de sa foi :

..... l'exil est l'honneur de celui qui craint Dieu.
. . . .
Vous m'en serez témoins, flots du lac Genevois,
Qui, mêmes vous calmez, oyans de Dieu la voix
Entonnée par ceux qui, humbles et fidèles,
Le louent, préservés des bêtes plus cruelles.

Et enfin le morceau suivant, intitulé : *Paraclèse (exhortation) à l'Eglise réformée* sur la persévérance de prédication au temple où elle a été commencée, suffirait à lui seul pour démontrer que chez le poète qui signe plusieurs de ses pièces : *Dieu pour Guide*, la fibre huguenote a vibré de bonne heure :

Chassez la peur que vous aviez jadis,
Et que le moindre en soi pense à nos dits,
C'est que de Dieu, son espoir confirmé,
Il faut, viril, de vray foi être armé.
Est-ce le temps que l'étendard de Dieu
Et le soldat abandonne son lieu ?
Ce temple ici, de Dieu à vous donné,
Etre ne doit de vous abandonné.

Nous aimerions encore citer en entier, du poète bourguignon, le « chant funèbre sur le décès d'Étiennette Villeminot sa femme », tout vibrant d'un accent d'émotion sincère.

... A présent rien ne me plaît cy bas
Soit à voir, et ouïr, puisqu'elle n'y est pas.

Et plus loin, son image lui redevient présente :

« Je me plais de la voir mignarder ses enfants,
Les orner de chapeaux cueillis parmi les champs,
Et puis les tenant coys, les instruire en la crainte
De l'Eternel son Dieu, apprenans sa Loi sainte.
. . . .
Je me plais, y pensant, mais las ! cette pensée
Me rend comme hors de moi, et personne insensée,
Quand je ne trouve pas ce que je pense voir.....

Des dix-sept enfants que lui laissa sa femme, un seul survécut. Il se nommait Daniel et eut, de son mariage avec Anne Poin, Philippe, médecin de la Faculté de Montpellier. Poète comme son aïeul, Philippe composa un grand nombre de vers qui n'ont pas été publiés. Son fils, Philippe, **suivit également la carrière médicale, il** pratiquait avec succès à Paris lorsque survint la Révocation ; il émigra en Angleterre et mourut à Londres en 1718.

Josias Machureau, chirurgien habile, naquit et mourut à Chalon (1561-1622). Il exerça avec beaucoup d'honneur sa profession dans sa ville natale et s'adonna en même temps aux études littéraires.

Parmi les familles protestantes de Chalon, celle des de La Croix, originaire de Pont-de-Vaux, mérite d'être notée. Un médecin de ce nom, homme de savoir, exerçait son art à Chalon au commencement du XVII° siècle. Il y mourut en 1634, à l'âge de 83 ans. Une enfant de la même famille, Françoise de La Croix, fut enlevée à ses parents à l'âge de 7 ans, puis leur fut rendue par arrêt du parlement de Dijon, en 1665 (?), avec défense de la laisser sortir de l'enceinte de Chalon ; or, le culte protestant se célébrant alors à quatre lieues de la ville, c'était empêcher intentionnellement ses parents de l'y conduire. En 1687, deux ans après la Révocation, une demoiselle de La Croix, de Chalon, se distingua par le dévouement avec lequel elle prodigua ses soins aux victimes de la persécution. Un convoi de trente prisonnières, appartenant en grande partie à la Bourgogne et à la Bresse, étant arrivé à la conciergerie de Dijon, cette demoiselle, « dont la mémoire mérite de vivre dans les siècles à venir, nous dit une des détenues », s'absenta de sa maison et de sa famille pendant plusieurs mois pour rendre service aux pauvres prisonniers de Jésus-Christ. »

Mentionnons encore une famille Riboudeau. Philippe Riboudeau, de cette famille, né à Chalon, fut destiné par son père, qui était un ancien de l'Eglise, à la carrière pastorale. Reçu ministre au synode de Sergy, en 1665, il desservit plusieurs Eglises de la Bourgogne. A la Révocation, il se réfugia à Genève, où un de ses ancêtres, Louis Riboudeau, avait déjà trouvé un asile au temps de la Saint-Barthélemy. Jean Riboudeau, fils de Philippe, fut aumônier du régiment de Varennes et pasteur de l'Eglise française de Burg, en Prusse.

Nous retrouvons à Chalon la famille Bouvot, dont nous avons parlé à propos de l'Eglise de Dijon. Job Bouvot, le jurisconsulte, devenu ancien de Chalon, fut délégué par la province aux synodes nationaux de Gap (1603), et de Privas (1612). Il fut aussi député, en 1615 et 1620, aux assemblées politiques de Grenoble et de La Rochelle. Il n'assista pas à cette dernière. Retiré à Chalon, il y mourut au mois de juillet 1636, estimé même des catholiques, dont il avait gagné l'esprit par la modération de ses opinions. Il a laissé plusieurs ouvrages de droit. Lazare, son fils, avocat comme lui, exerça sa profession à Chalon et soutint, en 1654, ses coreligionnaires contre les prétentions du clergé romain. Nous avons vu, ailleurs [1], comment la sœur du dernier nommé, Jeanne Bouvot, mariée à l'avocat Morelet,

---

[1] Voir page 42.

se montra plus décidée que son époux dans la profession de la foi protestante. Un autre membre de la famille, Théodore Bouvot, ancien de Chalon, représente son Eglise au synode d'Is-sur-Tille, en 1682.

Un membre de l'Eglise de Chalon, Isaac Armet d'Avoisotte, ancien militaire, après une conversion contrainte au catholicisme, qui l'avait laissé fort suspect aux yeux de ses convertisseurs, fut arrêté à Paris, en 1696, faussement impliqué dans une accusation de meurtre. Jeté, sans forme de procès, dans les cachots de la Bastille, en dépit de son innocence démontrée, il y fut oublié, et mourut en prison, à un âge très avancé.

Jean *Perrault*, de Chalon, manufacturier en soie, émigra au moment de la Révocation et transporta en Prusse sa fabrique de soierie.

Les autres familles protestantes dont nous avons pu recueillir les noms, sont les familles d'Arthoy, Carlo, Colom, Collin, Drouart, Duésme, Dufoin, Girard,

Blandin, Brusson, Brunon, Fournier, Gautier et Guillaume.

III. — Nous donnons ici une liste des pasteurs de Chalon :

1559...... François Guilleteau.
1559...... Antoine Papillon [1].
1559...... Philibert Grené.
1561...... Dupré (ou Duprey).
1561...... La Motte (simultanément).
1562...... Du Perril (le même que Dupré?)
1572...... Dives (massacré en 1572) [2].
1603-1604. A. Le Blanc [3].
1609-1626. Théophile Cassegrain.
1634-1640. Améd. de Bons.
1656...... Gabriel Héliot.
1660...... L'Eglise est sans pasteur.

[1] Cf. *Bull.* T. XLVI, p. 454 : M. de Parey (A. Popillon de Paray).

[2] Cf. *Bull.* T. XXXVII, p. 183. Nicolas *Divès*.

[3] En décembre 1608, A. Le Blanc est nommé second pasteur ordinaire de l'Eglise de Lyon. (*Bull.* T. XII, 485).

2° Eglise de Paray-le-Monial

I. — Peu de renseignements sur cette Eglise, dont les origines nous demeurent inconnues. Cependant elle ne fut pas sans importance. En 1610, elle possédait un des collèges protestants de la province. Pierre Colinet, son pasteur, est député de Bourgogne aux synodes nationaux de Jergeau (1601), de Gap (1603), de Saint-Maixent (1607), et de Tonneins (1614). En 1635, l'exercice du culte est interdit à Paray-le-Monial : le motif de l'interdiction est, qu'en sa qualité d'abbé du couvent de Cluny, le cardinal de Richelieu est seigneur du lieu. Mais ce ne fut sans doute qu'une chicane ayant pour but d'obliger les protestants à changer le lieu de leurs assemblées. Un nouveau temple dut s'élever, et fut démoli, comme nous l'avons dit, en vertu d'une ordonnance de l'intendant

Bouchu, en 1676. Ce fut alors seulement que l'exercice du culte fut réellement supprimé. Les protestants avaient à Paray une manufacture renommée d'étoffes et de toiles fines qui a disparu lors de la Révocation. Trois cents chefs de famille et ouvriers portèrent cette industrie à Genève, en Suisse et en Allemagne.

II. — Parmi les noms des fidèles appartenant à cette Eglise, on trouve celui de Pierre Moreau, voyageur célèbre du xviie siècle. Il séjourna au Brésil, fit un voyage en Turquie à son retour en Europe et finit ses jours à Paray-le-Monial, vers 1660.

La famille Viridet, dont un membre fut pasteur dans la localité, figure particulièrement au nombre des soutiens de l'Eglise. Jean Viridet, notaire royal, y remplissait la charge d'ancien. Un de ses fils, appelé aussi Jean, fut médecin; à la Révocation, il se réfugia à Genève, puis à Rolle, et finalement à Morges. Une branche de cette famille a eu, jusqu'à nos jours, à Genève, des représentants, dont quelques-uns ont été appelés à d'honorables fonctions publiques. Une dame Viridet, née La Baille, demeurée en France, y fut persécutée après la Révocation (1686 ou 1687).

Les autres familles, à nous connues, appartiennent, pour la plupart, au Refuge. Ce sont les familles Baillon, *Bouillon, de Camp, Dagoneau, de Claux* ou *Declaux,* Coin de Chevilé, *de Galloux,* Gravier, Fanions, Uchard, *Vieux* [1].

[1] M. Emile Montégut, dans ses *Souvenirs de Bourgogne* (Paris, Hachette, 1886), raconte que « dans la première moitié du XVIᵉ siècle vivaient à Paray deux frères du nom de Jayet, marchands drapiers de leur profession. L'un de ces frères était catholique, l'autre huguenot. « Je veux avoir la plus belle maison de la ville, se dit un jour le huguenot, et non seulement de la ville, mais de tout le Charolais, et on viendra voir de loin la maison de M. Jayet... » Et, incontinent, il se mit à faire bâtir un bijou de la Renaissance, tout brillant d'arabesques et de fines sculptures, avec des figures de chevaliers et des emblèmes féodaux au premier étage, avec des médaillons à l'italienne au second ; puis, cela fait, il signa

III. — Les pasteurs de Paray-le-Monial dont nous avons retrouvé les noms sont les suivants :

1572.......... Courtois (de Seurre).
1601-1620..... Pierre Colinet ⎫ Simulta-
1618.......... B. Gravier.   ⎭ nément.
1626-1637..... J. Viridet.
1656.......... Abraham Galland.
1665-1682..... Charles Perrault[1].

l'œuvre de son portrait sculpté et de celui de sa femme, qui se présentait à l'intérieur, dès l'entrée même du vestibule, comme pour souhaiter la bienvenue aux visiteurs. » Ce bel édifice est aujourd'hui l'hôtel de ville de Paray.

[1] V. liste des pasteurs de Beaune.

3° Eglise de Maringues [1]

I. — Cette Eglise, qui appartenait aux contrées formant le département actuel du Puy-de-Dôme et ne se rattachait à celles de la Bourgogne que par des liens administratifs, nous est peu connue [2]. Elle a subsisté jusqu'à la Révocation. Nous n'avons pu recueillir, sur son passé, qu'une simple anecdote. Son dernier pasteur, Théodore de La Chaumette, se trouvant, en 1654, chez un sien parent, Daniel de La Chaumette, avocat à Rochechouart, y fut victime d'une scène de violences dans laquelle le marquis de Pompadour, furieux contre

[1] Listes de 1620, 1626 et 1637. Dans la liste de 1660, elle est rattachée au colloque de Lyon.

[2] Depuis la mort de M. Naef, M. Hauser a publié, dans le *Bulletin*, d'intéressants documents sur les Eglises d'Auvergne. Voir ces articles, *Bull.*, t. XLVII (1898), réunis en volume chez Fischbacher, 1899 *(Notes sur la Réforme en Auvergne)*.

les protestants de cette localité, maltraita odieusement plusieurs d'entre eux. Le pasteur de Maringues reçut un grand coup d'épée sur la tête.

II. — Les noms des familles protestantes de Maringues sont clairsemés. Un Gilbert *Grenet,* fils de feu Jean, est reçu bourgeois de Genève le 25 avril 1555. Un des anciens de cette Eglise, Albert de Mars, est député de la province de Bourgogne aux synodes nationaux de Charenton (1623), et de Castres (1626). Le même, peut-être, avait été ancien de l'Eglise de Pont-de-Veyle quelques années auparavant. C'est aussi lui qui doit figurer, sous le titre de seigneur de Balène, parmi les députés de Maringues aux synodes provinciaux. Les autres anciens délégués à ces synodes sont les suivants : Amar, Ainard, de Fontariol et Vigot.

III. — Parmi les pasteurs de l'Eglise de

Maringues, on peut citer ceux dont les noms suivent :

1611..... Textor fils.
1618..... Pierre Tanvol [1].
1620..... René Chesnau.
1626..... Louis Rouph.
1627-1637 Noël Legelé [2].
1644-1647 Amédée de Bons.
1654, 1658, 1685 Théodore de La Chaumette.

[1] Voir Pailhat, p. 205.
[2] Dans les Actes du synode de Pont-de-Veyle (1627), on lit : « Le ministère du sieur *Legeléc* est donné à l'Eglise de Maringues ». Dans les Actes du synode de Buxy (1634), on enjoint « au sieur Legelé de donner quelques visites à l'Eglise de Paillac ».

4° Eglise de Bourbon-Lancy

I. — Du passé de cette Eglise, qui faisait partie, un peu artificiellement, du groupe des Eglises de Bourgogne, nous ne savons rien, si ce n'est le nom de deux de ses pasteurs. Elle figure dans les listes de 1620 et 1626 ; dans celle de 1637, le poste de ministre est porté comme *vacant*. Dans la liste de 1660, son nom est accolé à ceux de Paray et de La Nocle.

II. — Jean [1] de La Fin (ou Lafin), de la maison de Beauvoir, famille importante du Bourbonnais, possédait en partie la terre de la Nocle par son mariage avec Magdeleine de Salins, héritière de Guy de Salins, fondateur du chapitre de Bourbon. Grâce à sa protection, un prêche exista

[1] M. Abord, *op. cit.*, dit à tort *Charles*.

jusqu'à sa mort, en 1574, dans le château de La Nocle. Abraham Galland et Charles Perrault, pasteurs à Paray-le-Monial, y prêchèrent.

III. — *Pasteurs.*

1603..... Colinet (Cf. Paray-le-Monial).
1620-1626 Barthélemy Gravier (*Idem*).
1637..... L'Eglise est sans pasteur.

L'Eglise envoie successivement aux synodes provinciaux ses anciens Fougeon et de La Nocle.

MAISON DU HUGUENOT JAYET.
à Paray-le-Monial
(actuellement l'Hôtel-de-Ville).

5º Eglise de Moulins

Cette Eglise, existante dès le xvie siècle, fut fondée, en 1562, par François Bourgoin, sieur d'Agnon, ancien chanoine de Nevers, un des hommes qui se dévouèrent, avec le plus de zèle, à la propagation de la foi protestante. Elle subsista jusqu'assez avant dans le xviie siècle [1], mais nous ne savons si l'Edit de Révocation la trouva encore debout. En tous cas, elle a laissé peu de traces.

L'Eglise de Moulins n'est mentionnée comme rattachée à la province de Bourgogne que dans la liste de 1637 et elle y figure comme *sans pasteur*.

Un des anciens, Férault de Crescence, est délégué au synode provincial de 1626.

---

[1] V. sur l'*Edit de Nantes en Bourbonnais* le *Bull.*, tomes XII et XIII.

6° Eglise de Pont-de-Vaux et Belleville [1]

I. — L'Eglise de Belleville aurait été fondée, entre 1560 et 1562 également, par un ministre du nom de Chabottes, dans lequel il faut reconnaître, suivant toute apparence, Antoine de Chandieu, qui, par sa mère, se rattachait à la famille seigneuriale de Chabote ou Chabottes, dans le Mâconnais. Léonard Flavard, le premier pasteur de cette Église, y prêche le 15 mars 1562 et y célèbre la cène le jour de Pâques (29 mars). Moins d'un mois après, les protestants de Mâcon y envoient Jean de Léry,

---

[1] Dans la liste de 1620 et 1626, Belleville était rattachée au colloque de Lyon et Pont-de-Vaux, seul, au colloque de Chalon. Si donc, au synode suivant (Alençon 1637), on a accolé Belleville à Pont-de-Vaux, c'est qu'en fait, depuis quelques années, un même pasteur faisait le service dans **ces deux Eglises.**

qui, le 26 avril, prêche en une grange près du port. Il est menacé par les catholiques. Mais peu de jours après arrive la nouvelle que les protestants de Lyon s'étaient rendus maîtres de la ville. Aussitôt les catholiques de Belleville, craignant un sort semblable, prièrent qu'on les laissât sortir. Cela leur fut accordé et ils partirent avec tout ce qu'ils purent et voulurent emporter de blé, vins et meubles.

Ainsi la ville resta paisiblement, comme Lyon, entre les mains des protestants. Les ministres ne purent empêcher leurs ouailles de détruire toutes les images et les autels (4 mai).

Quelques semaines après, deux compagnies mutinées que d'Entragues avait dû expulser de Mâcon, entrèrent à Belleville. Elles lui rendirent un service important en repoussant vigoureusement, le 29 juillet, une attaque des catholiques. Ces derniers, forcés de se retirer, se vengèrent de cet échec en pillant, à un quart de lieue de la ville, la maison de Louis Guillermé, ancien du consistoire ; ils maltraitèrent cruellement sa femme enceinte, et l'ayant découvert lui-même dans la cachette où il s'était retiré avec un de ses coreligionnaires, ils lui fendirent la tête d'un coup de hache et attachèrent son ami à la queue d'un cheval fougueux.

C'est à Jean de Léry, né en 1534 à La Margelle en Bourgogne, que nous devons le récit de ce massacre, ainsi que du siège de Sancerre, auquel il assista en 1573. Avant d'être pasteur de Belleville, il avait été envoyé au Brésil, auprès de Villegagnon. Il nous a laissé le récit de son voyage [1]. Après avoir desservi l'Église de Belleville, il fut pasteur à Nevers, puis à La Charité. Il mourut à Berne en 1611.

II. — A Pont-de-Vaux, nous trouvons

[1] Une nouvelle édition de ce voyage a été publiée par M. Gaffarel, professeur à la Faculté des Lettres de Dijon. Jean de Léry, *Histoire d'un voyage faict en la terre du Brésil*. Paris, Lemerre, 1880.

des de La Croix (voir Chalon), des Moyroux et des du Carroge.

A Belleville, des *Charreton*, des *Dumont*, des de Chandieu, des Chabot, des Armet, des Nadal, des Pellet.

III. — Les pasteurs de Pont-de-Vaux et de Belleville dont les noms nous sont connus sont les suivants :

Entre 1560 et 1562. Chabottes.
 1562....... Léonard Flavard (Belleville).
 1562....... Jean de Léry (Belleville).
 1604....... Connin (Id.)
 1607....... Leboîteux (Pont-de-Vaux).
 1610-1614.. François Perrault ou Perreaud (Id.)
 1618-1620.. Daniel Sarret (Belleville).
 1618-1620.. Jérôme de Saumaise (Pont-de-Vaux).
 1623....... De Lorme (Belleville).
 1625....... Pierre Pelet (Id.)

1626....... P. Tanvol (Id.)[1]
1626....... Textor (Pont-de-Vaux).
1632....... Brail.
1634....... P. Tanvol (Pont-de-Vaux et Belleville).
1637........ P. Jaimot (Id.)
1644, 1649... De Choudens.
1654....... Abraham Galland (Belleville et Poule).

Pont-de-Vaux est annexé à Pont-de-Veyle en 1604, et, de nouveau, en 1626, avec deux pasteurs résidant à Pont-de-Veyle. La liste de 1660 porte cette mention : Belleville et Poule, sans pasteur.

[1] « Le ministère du s^r Tanvol est donné à l'église de Belleville jusques au prochain synode, lui étant permis de demeurer au Pont-de-Veyle. » *(Actes du Synode d'Is-sur-Tille*, 1626).

7° Eglise de Buxy et Cluny [1]

I. — Cette Eglise fut fondée vers 1560, en même temps que celle de Mâcon. Une famille enrichie par le négoce, nombreuse et très influente dans la contrée, celle des Dagoneau, dut y contribuer pour une large part. Jean Dagoneau, banquier à Cluny, se distingua par son zèle pour la Réforme. « C'était », au témoignage d'un auteur contemporain, « un personnage qui, pour sa preudhomie et bonne conversation, estoit tellement aimé des gentilshommes du pays, de tous autres, même du clergé, que grands et petits le respectoient et lui portoient une affection singulière. »

---

[1] Cluny est rattachée au colloque de Lyon aux synodes de 1620 et 1626 ; c'est au synode d'Alençon (1637) que nous voyons pour la première fois son nom accolé à celui de **Buxy**.

A la fin de 1561, la communauté réformée de Buxy n'est pas seulement constituée, mais active et pleine de zèle ; car le 23 février de l'année suivante, elle écrit à Genève pour réclamer l'envoi d'un pasteur en faveur de l'Eglise de Couches. La lettre est signée : au nom de l'Eglise, Jean Godenet.

L'Eglise eut à souffrir de cruelles épreuves, d'abord au moment de la persécution générale de 1562, et Jean Dagoneau dut se retirer à Genève, où il paraît s'être fixé, du moins pendant quelques années. De nouvelles persécutions suivirent encore la Saint-Barthélemy. Puis, au cours des guerres de religion, les partis opposés se disputèrent la contrée, alors très durement opprimée par Claude de Guise, frère bâtard du cardinal de Lorraine et qui le remplaçait dans la gestion de la fameuse abbaye de Cluny. Les populations tyrannisées se soulevèrent. Gabriel Fillioux, huguenot déclaré, prieur fiscal de Cluny, surprit, le 30 novembre 1575, avec le secours de Garnier, de Fournier et de quinze autres protestants, le château de Lourdon, en chassa les moines qui s'y étaient retirés, pilla les trésors de l'abbaye, qu'ils y avaient transportés, et conserva sa conquête jusqu'à la conclusion de la paix en 1577. Il fit même venir un ministre et établit un prêche dans le château.

Les deux Églises de Buxy et de Cluny survécurent aux secousses de ces temps troublés. Celle de Buxy joue même un rôle assez important. Elle possédait, en 1610, un collège protestant, qu'elle conserva jusqu'en 1614, époque où l'instruction secondaire protestante de la province fut concentrée à Pont-de-Veyle. En 1612, J. Perreau, ancien de Buxy, est député de la province de Bourgogne au synode national de Privas ; un autre ancien de cette église, Nicolas du Noyer, figure en la même qualité à celui d'Alais, en 1620, et l'ancien Samuel Roi, au synode de Charenton, en 1644 ; en 1637, le pasteur Héliodore du Noyer avait représenté la province à celui d'Alençon.

II. — A Buxy, nous trouvons une famille Petit, dont un des membres, Jacob, se réfugia à Genève dans le temps de la Révocation et y fit souche. Le fils de ce Jacob, Jean-Philippe, indienneur, fut reçu bourgeois, en 1726, avec ses enfants. Il fonda une fabrique d'indiennes qui eut de la réputation et rivalisa avec celle des Fazy. C'est de cette famille qu'est sorti le poète genevois Petit-Senn.

Les familles Carlot et Morelet donnèrent des anciens à l'Eglise de Buxy. Nous trouvons encore, dans cette localité, les noms de Bellot, Davanture, Déga, Delagrange, Dunoyer, de Fassion, Feuillot, Lamante, Lambert, Moncler, Perreaud, Rey et Rey de Morande.

A Cluny, un ancien, Esaïe Gravier, est député au synode provincial. L'Eglise renfermait aussi des familles Alamartine ou Alamertine, Arcelin, Bollot, Bruix, Crochet, Denys, de Drée, Dumont, Fournier, La Serré, Maistre, Magnin, de Marin, Rousset, Tupinier.

III. — La liste des pasteurs de Buxy et de Cluny présente les noms suivants :

1603..... Perreaud (Buxy).
1603..... Ricard (Cluny).
1603..... Piquet [Picquet] (Cluny et Mâcon).
1604..... Connin (Cluny).
1610-1611. Boîteux ou Le Boîteux (Buxy).
1618-1620 Geoffroy Bruyes (Cluny).
1620, 1637, 1658. Héliodore du Noyer (Buxy et Cluny).
1665-1673. Pierre Bolot (Cluny) [1].
1665-1682. Michel du Noyer, fils d'Héliodore (Buxy) [2].

Les Eglises de Buxy et de Cluny furent réunies en 1634. Le culte de Cluny se célébrait à Salornay-sur-Guye.

[1] Il fut nommé pasteur en titre de l'Eglise de Cluny par le S. Pr. d'Is-sur-Tille (1669).
[2] V. dans de Félice, *Les Protestants d'autrefois*, II° série, p. 72, ss., l'amusant récit d'une dénonciation d'un pique-nique du pasteur du Buxy, (dont le nom est orthographié Desnoyers) faite par le curé.

8º Eglise d'Autun et Couches

I. — Sans qu'il soit possible d'arriver à des résultats bien précis, il paraît certain que la ville d'Autun fut, entre les diverses localités de la Bourgogne, une de celles où les doctrines de la Réforme trouvèrent le plus promptement accès. Peut-être en faut-il chercher la cause dans les prédications de Michel d'Arande, qui vint, dès 1524, annoncer l'Evangile dans le Mâconnais. Quoi qu'il en soit, les semences répandues dans la contrée, par l'aumônier de Marguerite d'Alençon, ou par d'autres missionnaires moins connus, n'étaient pas restées inutiles ; on peut le constater aux procès pour cause d'hérésie, qui ne tardent pas à se produire. En 1541, une profanation fut commise dans l'église souterraine de Saint-Jean-de-la-Grotte, située au château d'Autun. On trouva le tabernacle brisé, les hosties répandues sur l'autel et sur les dalles du sanctuaire. Les soupçons se portèrent immédiatement sur des habitants d'Autun, connus pour sympathiser avec les idées nouvelles. On arrêta un des notables de la ville, Pierre d'Andozille, médecin, qui fut incarcéré à la citadelle de Riveaux et bientôt relâché faute de preuves. Deux jours après on saisit à La Bussière, en Nivernais, maître Pierre Moreau, praticien, et à Bourbon-Lancy, Nicolas Charbonnier, son complice. Tous deux s'étaient enfuis en grande hâte pour se soustraire aux poursuites; ils furent ramenés chargés de fer et mis en accusation. Le 4 juin, moins de dix jours après la profanation, au milieu d'un immense concours de peuple attiré par ce funèbre spectacle, Pierre Moreau et Nicolas Charbonnier étaient brûlés *comme luthériens* sur le Champ-Saint-Ladre [1].

[1] Cf. Abord, *Histoire de la Réf. et de la Ligue dans la ville d'Autun*, t. Ier (1855), p. 18, ss., et t. III (1887), Pièces just., p. 17. Ces renseigne-

L'hérésie paraît avoir été étouffée pendant plus de dix ans. En 1556, le 26 septembre, nous trouvons deux pauvres colporteurs, Nicolas Cotereau et Noël Bardin, menacés de mort pour avoir vendu des livres hérétiques. Grâce à l'intervention d'un personnage influent, Jacques Bretagne, sur lequel nous reviendrons plus loin, et à celle de quelques-uns des principaux des habitants, luthériens comme lui, ils en furent quittes pour la peine du fouet.

Dans l'automne de cette même année, le 15 octobre, un jeune homme nommé Andoche Minard, natif de Saulieu et chapelain de l'Eglise collégiale de cette localité, étant revenu de Genève où il s'était retiré pour cause de religion, est saisi au bourg de Montcenis, amené à Autun et brûlé vif devant Saint-Ladre (Lazare), « avec une merveilleuse constance ».

ments sont tirés du *Journal de Nicolas Gaucher, chanoine d'Autun, 1539 à 1545. Mss. in-fol. Biblioth. de l'Evêché.*

Tels sont les premiers symptômes qui signalent l'existence du protestantisme dans le diocèse d'Autun.

Bientôt le mouvement allait s'accentuer. Ce fut vers le commencement de 1561, au moment où l'assemblée d'Orléans [1] communiquait l'ébranlement aux esprits, que des dissidences se manifestèrent dans le chapitre. Deux partis s'y dessinèrent nettement, celui de l'orthodoxie, représentée par les deux tiers de ses membres, et celui des idées nouvelles représenté principalement par quatre d'entre eux, Robert Hurault abbé de Saint-Martin, Jean Vériet prieur du Feste, Jean de la Coudrée curé de Saint-Jean et Gabiel de Grigny. Dès le mois de février, les prédications de Jean Vériet et de Jean de la Coudrée vinrent donner à la Réforme un plus vigoureux élan et de nouveaux prosélytes. Aussi Bèze affirme t-il que les lieux où parlaient ces ecclésiastiques n'étaient pas assez

---

[1] Etats généraux d'Orléans, 14 décembre 1560-31 janvier 1561.

vastes pour contenir la foule qui venait les entendre. L'évêque Pierre de Marcilly les poursuivit pour crime d'hérésie, mais ils furent acquittés en 1562, après la promulgation de l'édit de janvier.

Au premier rang parmi les fondateurs de l'Eglise d'Autun, nous trouvons un homme appartenant à la noblesse de robe, dont le nom mérite une mention spéciale, Jacques Bretagne.

Jacques Bretagne (ou Bretaigne), sieur de Lally, docteur en droit, bailli de Saulieu en 1530, s'était fixé dans la ville d'Autun par suite de son mariage avec la fille de Nicolas de Montholon, lieutenant de la Chancellerie de Bourgogne, à qui il succéda dans cette charge en 1555. Nous ne savons à quel moment il embrassa les idées de la Réforme, cependant sa défense d'Andoche Minard en 1556 laissa aisément supposer qu'il leur était déjà favorable. Il avait pour ami le savant médecin Jean Lalemant et exerçait au moment des élections aux Etats la fonction de *vierg* ou maire d'Autun. Ils furent l'un et l'autre envoyés aux Etats d'Orléans comme députés d'Autun. Avant la séparation de l'assemblée, les ministres réformés décidèrent les députés de la noblesse et du tiers à présenter au roi une requête en faveur de la liberté religieuse. Parmi les députés qui y adhérèrent figurent J. Bretagne et J. Lalemant. Pour les Etats de Pontoise [1], Jacques Bretagne fut désigné par la Bourgogne comme député du tiers. Dans la harangue qu'il prononça devant les Etats, Bretagne demanda hardiment la tolérance religieuse.

Après la proclamation de l'édit de janvier 1562, les deux curés poursuivis pour crime d'hérésie par l'évêque d'Autun furent acquittés. Ils sont aussitôt à Chalon consacrés ministres. On décide de s'assembler dans une grange appartenant à la confrérie de Saint-Jean-Baptiste. Un consistoire est « dressé » à Autun. Là-dessus

[1] Août 1561.

arrive la nouvelle du massacre de Vassy[1] ; la persécution, à Autun, sévit immédiatement. Les protestants sont dispersés, Bretagne est obligé de fuir et il n'est pas, aux élections municipales, réélu *vierg* de la cité.

L'année suivante, l'édit de pacification d'Amboise accordait aux huguenots une ville dans chaque bailliage pour y célébrer leur culte. J. Lallemant adresse dans ce sens une requête aux commissaires chargés d'exécuter l'édit, puis à Charles IX lui-même, qui fit délivrer des lettres-patentes, à l'exécution desquelles, toutefois, s'opposèrent le lieutenant-général de Bourgogne, Tavannes et son lieutenant Villefrancon[2]. Il fallut que ceux des Autunois qui étaient de la religion se contentassent du hameau

---

[1] Mars 1562.

[2] Guillaume de Saulx, seigneur de Villefrancon et de Sully, était le frère aîné de Gaspard de Saulx-Tavannes. C'est à tort que l'auteur de l'*Hist. Ecclés.* le qualifie de « beau-père » de Tavannes, erreur que Baum et Cunitz n'ont pas relevée en note. Pour la généalogie des Saulx-*Tavanes*, voir Pingaud, *Les Saulx-Tavanes*, Paris, Firmin-Didot, 1876.

de La Barre pour y célébrer leur culte, dans un « héritage » appartenant au lieutenant du bailliage, Lazard Ladone. Cette permission leur est accordée par lettres-patentes du 1er décembre 1563.

Mais le petit troupeau huguenot ne devait pas jouir longtemps de la paix. L'évêque d'Autun demanda instamment à Charles IX l'éloignement du prêche de La Barre. J. Bretagne retarda peut-être cette mesure de quelques semaines en se rendant à Lyon auprès du roi, à qui il demanda en même temps, en faveur d'un professeur calviniste nommé Destamples, des lettres-patentes de recteur des écoles de la ville. Néanmoins l'évêque en arriva à ses fins, avec le concours des chanoines. Ils obtinrent, le 12 août 1564, des lettres-patentes du roi qui transféraient le prêche de La Barre à Bois-le-Duc, à une lieue de la ville, dans un endroit isolé, d'un accès difficile et couvert de bois. Tel qu'il était, c'était encore un terrain appartenant à Ladone.

Huit mois après, l'évêque et le chapitre, obstinés à faire disparaître les derniers vestiges du calvinisme, obtinrent un arrêt du Conseil privé qui abolissait le prêche dans Autun et ses environs (1565), et nous voyons, dans un registre de la temporalité, qu'en 1582 le temple de La Barre était démoli.

En 1566, Bretagne fut élevé de nouveau à la dignité municipale, qu'il avait déjà plusieurs fois occupée ; mais à l'explosion de la seconde guerre [1], il disparut encore d'Autun. Nous sommes dans l'ignorance pour ce qui concerne le reste de sa carrière, mais nous voyons que sa famille demeura fidèle aux principes qu'il avait professés. En 1619, nous trouvons à Genève, au nombre des réfugiés, un Pierre Bretagne, sieur de Blancey et conseiller au parlement de Bourgogne [2].

[1] 1567.
[2] V. sur *La Fontaine d'Autun et Jean Goujon* une étude de M. Pascal dans le *Bulletin de l'Histoire du Protestantisme français*, XLVI, 550.

L'Eglise de Couches a possédé, de 1611 à 1614, un collège protestant, dont nous ignorons la durée antérieure. En 1634, on lui octroya le collège, — désormais unique, — de la province. Vingt ans plus tard, en 1654, ce collège fut rendu à Pont-de-Veyle.

Timothée Armet, ancien de Couches, fut député des Eglises de Bourgogne aux synodes nationaux tenus à Charenton en 1631 et 1644 ; Charles Perreau, ancien d'Autun, au synode national d'Alençon en 1637, et Philippe Le Sage, également ancien d'Autun, à celui de Loudun, en 1659.

En 1675, dans un synode provincial tenu à Couches, nous voyons l'Eglise d'Autun se plaindre des insultes commises, par les catholiques de cette ville, aux obsèques des réformés.

L'Eglise de Couches eut pour pasteur, de 1671 à 1682, César Rey, dauphinois, qui s'était distingué, parmi les pasteurs du pays de Gex, par le zèle et le dévouement dont il avait fait preuve en soutenant la cause du protestantisme dans cette contrée [1]. L'année qui suivit celle de la mort de ce fidèle serviteur de Dieu fut une année fatale pour les Eglises d'Autun et de Couches. Un arrêt du Conseil, du 24 mai 1683, ordonna l'expulsion de tous les réformés de la ville d'Autun dans le terme de deux mois. La ruine définitive des deux Eglises suivit de près cette première catastrophe.

II. — Plusieurs familles distinguées ont figuré parmi les fidèles des deux Eglises dont nous venons de parler. Celle des barons de Conforgien, de la maison de Cluny, fut, au moins pour un temps, un soutien pour ces communautés [2].

La famille Le Sage, d'Autun, que nous avons déjà nommée, donna naissance à un homme de mérite, Georges-Louis Le Sage, connu comme physicien et philosophe. Le

---

[1] V. Th. Claparède, *op. cit.*, p. 176.
[2] Cf. page 71.

Sage, né le 9 janvier 1676, à la Colombière, près de Couches, était le troisième fils de François Le Sage, seigneur de St-Martin-de-Commune et de Villars, et de Anne d'Aubigné, fille de Nathan d'Aubigné. En 1684, ses parents se réfugièrent en Angleterre, l'emmenant avec eux [1]. Il mourut à Genève le 5 février 1759 [2].

[1] C'est lui qui écrivit « le premier livre qui ait paru au XVIIIe siècle sur l'Angleterre ». (Cf. Texte, *Jean-Jacques Rousseau et les Origines du Cosmopolitisme littéraire*, Paris, Hachette 1895, p. 107). Il est intitulé *Remarques sur l'Angleterre, faites par un voyageur dans les années 1710 et 1711*. Amst. [Rouen], 1713, 1715, d'après Senebier.

[2] Ce premier Le Sage, ami de Newton, eut un fils, nommé comme lui Georges-Louis, avec lequel il ne faut pas le confondre. Georges-Louis Le Sage II, docteur en médecine, né à Genève en 1724, mort en 1803, s'adonna, de même que son père, aux sciences physiques et à la philosophie. Correspondant de l'Académie des Sciences de Paris, il publia divers ouvrages remarquables, entre autres un *Traité sur les causes finales*. Il eut aussi la première idée du télégraphe électrique. C'est lui que vise l'article *Le Sage*, dans Bouillet.

(Voir l'ouvrage de M. A. Guillot : *Pasteurs et prédicateurs de l'Eglise de Genève*, p. 145. (*Note de l'A.*)

Une famille Bruy, Bruyes ou Broyes, fort attachée au protestantisme, se trouvait alors disséminée à Autun, à Couches, et dans divers villages du Mâconnais. Elle a donné des pasteurs aux Eglises de Lyon, de Buxy et d'Autun. Celle des Armet n'était pas moins répandue dans la contrée. L'un de ses membres, avocat au parlement, fut délégué aux assemblées de Châtellerault et de Saumur (1605 et 1611) ; un autre, Lazare, pasteur dans le pays de Gex[1]. Un grand nombre d'entre eux figurent dans l'histoire du Refuge. Cette famille appartient à la noblesse de robe ; Jacques, avocat au parlement de Dijon vers 1650, sieur de La Motte (ou Lamothe)-sur-Dheune, maria l'une de ses filles, nommée Espérance, à François de Rochemont, sieur des Buissons, maître d'hôtel du roi et maréchal de bataille. De ce mariage sortit, à la seconde génération, François de Rochemont, né à

---

[1] V. Th. Claparède, *Hist. des Egl. Réf. du pays de Gex.*

Couches, qui fut pasteur à Céligny et à Genève[1].

A l'Eglise d'Autun appartenaient encore des familles Arnel, Billaud, Blondeau, de Caradreux, de Chaville, Cusin, Duban, Faure, de la Grange, de Perrot et Perreaud.

III. — Nous donnons ici la liste des pasteurs par lesquels furent desservies les Eglises d'Autun et de Couches :

1562.......... Jean Vériet (Autun).
1562.......... Jean de la Coudrée (*id.*)
1603-1620..... J. Textor (Couches).
1618.......... Herbinot.
1626,1637,1649 Geoffroy Bruyes ou Bruys (Couches).
1637-1656..... Le même (Autun et (Couches).[2]

[1] Un Jean Ermet, de Couches en Bourgogne, est assisté à Genève, en 1705.

[2] Au S. pr. de Gex (1656), le ministère de Bruys est donné par prêt aux Églises d'Arnay-le-Duc et Saulieu.

16.......... Paul Joly.
.... Olry.
1658,1660,1664 Philippe Després (Couches).
1667, 1669.... Melchissédec Pinault.
1669.......... Marc-Michel Micheli.
1671......1682 César Rey (Couches).

*
* *

Au xvie siècle, en 1572, on trouve encore une Eglise consistoriale constituée à Louhans (Saône-et-Loire), avec un pasteur du nom de Quinson ; une dame de ce nom — peut-être sa veuve — est assistée par le synode de Bourgogne jusqu'en 1608 ; et recommandée par ce corps, le 10 mai de la dite année, à la Vénérable Compagnie de Genève.

Des groupes plus ou moins nombreux de population protestante se rencontrent également, soit au xvie, soit au xviie siècle, d'abord :

A Tournus [1] où une Eglise existait en 1562. Elle comptait, au nombre de ses membres, des *Dumais* (l'un d'eux est réfugié à Genève en 1572), et des Michelet.

Puis :

A Verdun (sur le Doubs) qui possédait également, en 1562, une Eglise réformée, parmi les membres de laquelle on trouve des *Caillat*[1].

[1] Cf. *Bull.* XXXVII, 170. Antoine de Chandieu était seigneur de Grevilly, localité située à une lieue de Tournus.

[1] A Givry, d'après Courtépée, III, 331, les huguenots avaient un temple.

III

COLLOQUE DE LYON

Ce colloque comprenait les Eglises du Mâconnais, du Beaujolais, du Charolais, de la Bresse, du Bugey et du Lyonnais. Au XVIIe siècle, — en mettant à part l'Eglise de Lyon, — nous le trouvons formé de cinq Eglises consistoriales, savoir : Mâcon, Bourg, Pont-de-Veyle et Reyssouze, Pailhat, enfin Beaujeu.

A ces Eglises, on voit quelquefois se joindre celles de Vichy et de Viviers.

L'histoire de ces Eglises a été traitée spécialement par M. Edmond Chevrier, de Bourg-en-Bresse, d'abord dans une fort intéressante notice publiée en 1868, puis dans un ouvrage plus étendu, publié quinze ans plus tard, deux travaux auxquels nous ne pouvons que renvoyer nos lecteurs[1]. Cependant, pour achever de remplir le cadre que nous nous sommes tracé, nous résumerons ici les faits qui concernent ces Eglises, en puisant dans les mémoires de M. Chevrier les données les plus propres à jeter quelque jour sur l'existence de ces dernières.

[1] Edmond Chevrier, *Le Protestantisme dans le Mâconnais et la Bresse,* Mâcon 1868, et *Notice historique sur le Protestantisme dans le département de l'Ain,* Paris, Fischbacher, 1883.

1° Eglise de Mâcon

I. — L'œuvre de l'établissement de la réforme à Mâcon fut longue, douloureuse et compliquée ; mais le succès fut grand, et il eût été complet si les destinées de cette ville n'avaient pas été liées à celles du reste de la France. Nous pouvons signaler ici, comme point de départ, avec plus de précision et d'une façon moins dubitative que nous ne l'avons fait pour Autun, les travaux de Michel d'Arande. Il est constant, en effet, que Michel prêchait à Mâcon en décembre 1524. Ce qu'il prêchait n'était pas encore le calvinisme ; c'était la Réforme, telle qu'elle ressortait des écrits de Luther, de Zwingli, et même d'Erasme ; en d'autres termes, le christianisme des mystiques du moyen âge, revêtu d'une couleur plus nettement évangélique, et accompagné d'une vive protestation contre les erreurs de l'Eglise. Cette Réforme primitive s'appelait alors le luthéranisme.

L'activité de maître Michel à Mâcon fut de courte durée. Mais un autre travailleur lui succéda bientôt. C'était Alexandre Camus, désigné quelquefois par le surnom de Dumoulin. Après avoir été le collaborateur de Froment à Genève, Camus était rentré en France en 1533, et nous le voyons prêchant à Mâcon devant de nombreux auditoires. Quelle durée convient-il d'assigner à sa mission ?

Il serait difficile de le dire ; mais il est possible que cette mission, toute de dévouement de sa part, se soit assez prolongée et qu'il l'ait transformée en une sorte de ministère itinérant sur les rives de la Saône. D'une part, en effet, nous ne lui connaissons pas d'autre champ de travail que celui-là ; d'autre part, nous voyons qu'il ne fut l'objet de poursuites que vers 1553 ; enfin, il semble certain qu'il fut arrêté à Tournus, ce qui prouve que le ministère qu'il s'était donné, tout en ayant la ville de Mâcon pour centre, s'étendait réellement à toute la contrée. Sur son appel, il fut transféré à Paris, où il fut traité avec une grande rigueur, et finalement brûlé vif sur la place Maubert.

Tandis que Camus travaillait avec une ardeur qui semble, chez lui, n'avoir pas exclu la prudence, puisqu'il sut longtemps éviter les rigueurs des ennemis de la Réforme, cette dernière avait fait de nombreux prosélytes, même parmi les classes agricoles de la Bresse. Les gens élevés dans la simplicité sont souvent moins aptes que d'autres à tempérer leur langage et à contenir l'expression de leurs sentiments. Ce fut ce qui advint à un paysan bressan, Jean Cornon, qui fut brûlé vif à Mâcon, au mois de juin 1535. Mais il advint aussi que, par ce supplice même, l'intolérance du clergé romain suscita à la Réforme un nouveau défenseur et lui prépara un nouveau martyr. Antoine Bonnet (ou Bouvet, cette dernière forme du nom, bien que plus probable, n'a pas prévalu), était né à Mâcon, dans une bonne famille de la bourgeoisie. La fermeté du Bressan fit impression sur lui. Déjà prédisposé pour la Réforme, il se voua, dès lors, au ministère pastoral et l'exerça, pendant plus de vingt ans, à Cornaux, dans le comté de Neuchâtel, en Suisse.

Pendant ce temps, et comme l'apostolat d'Alexandre Camus tirait à sa fin, un autre supplice vint témoigner de la violence des adversaires du mouvement et de la constance de ses adhérents. Hugues Gravier, qui, bien que natif du Maine, semble se rattacher à une famille très répandue dans la Bourgogne, particulièrement à Cluny, fut arrêté à Mâcon et brûlé dans la ville de Bourg, en 1552. Hugues Gravier avait été pasteur dans le comté de Neuchâtel, qu'il avait quitté pour évangéliser la Bresse et le Mâconnais. La famille des Dagoneau, aussi puissante à Mâcon qu'elle l'était à Cluny, dut contribuer, dès que les circonstances se montrèrent favorables, à **grouper les adhérents de la Réforme qui** se trouvaient dans cette ville pour constituer une véritable Eglise. Olivier Dagoneau, qui était receveur des deniers du roi à Mâcon, dut être l'âme de l'entreprise. Ce fut en 1559, ou pour le plus tard, en 1560, que la nouvelle Eglise prit consistance. Après s'être édifiés pendant quelque temps comme ils le purent, les fidèles de Mâcon voulurent avoir un pasteur. Le besoin d'une parole éloquente et vive, capable d'entraîner les catholiques encore indécis, les porta à s'adresser, le 11 novembre 1561, à la Compagnie des pasteurs de Genève. Ils ne réclamaient rien moins que l'intervention de cette dernière pour obtenir des Neuchâtelois le ministère au moins temporaire de Farel. Il est probable que, dans le même moment, ils avaient entamé des négociations avec leur concitoyen Antoine Bonnet, car ce fut précisément à cette date que celui-ci quitta sa paroisse de Cornaux[1] pour venir exercer

[1] Cf. *Bull.* XLVII, p. 28, ss., *Etablissement de l'Eglise réformée de Mâcon*, par H.-V. Aubert.

son ministère dans sa ville natale, où il semble avoir déjà fait quelques séjours, de 1559 à 1561 [1]. Il y fut précédé, — ou suivi, — par un autre pasteur nommé Pasquier, et, bientôt après, la tâche devenant chaque jour plus considérable, Genève leur envoya encore un aide dans la personne de Jacques Soltre [2]. Cette Eglise naissante de Mâcon devint alors le centre d'une activité missionnaire très absorbante, car, indépendamment des trois pasteurs que nous avons nommés, nous y trouvons encore à l'œuvre, à peu d'intervalle les uns des autres, trois autres ouvriers du règne de Dieu : René Gassin, Jean Reymond et un ministre du nom de Bolot.

[1] L'*Hist. ecclés.* dit : « Et pareillement aussi fut establie l'Eglise de Mâcon..., y étant envoyé par les ministres de Genève, un notable personnage nommé René Gassin, gentilhomme de Languedoc, à l'exhortation duquel l'Eglise fut dressée par le ministère d'un natif nommé Bouvet, ancien ministre. »
[2] Solte, selon l'*Hist. ecclés.*

La population de Mâcon inclinait visiblement dans le sens des idées nouvelles. Les échevins qu'on élisait étaient tous réformés, et la noblesse des environs suivait l'exemple de la bourgeoisie. La Réforme gagna, entre autres, à sa cause, la famille de Maligny, qui tenait, dans la contrée, une place fort honorable. L'édit de janvier (1562) étant venu donner aux réformés une certaine sécurité, ceux-ci prirent à loyer, pour y prêcher, les halles de la ville, laissant aux catholiques romains toutes les églises ; mais à la suite de l'irritation qu'avait causée le refus du parlement de Dijon d'enregistrer l'édit, le mouvement de Mâcon prit des allures plus radicales. Le 3 mai, les réformés, qui se sentaient les plus forts, et qu'animait le spectacle des persécutions dont leurs frères étaient encore l'objet en mainte localité, firent main basse sur les églises et en arrachèrent les images, malgré les remontrances des principaux d'entre eux, « les **ministres et les anciens** », dit Bèze,

« ayant perdu leur temps d'y contredire ».

Bientôt ce mouvement tumultueux fut chèrement payé. La guerre civile amena sous les murs de Mâcon l'armée catholique commandée par Tavannes. La résistance des Mâconnais fut énergique [1] et sembla d'abord leur assurer la tranquillité. Mais, au mois d'août, en l'absence du gouverneur protestant, Pontcenac, et par l'incurie ou la trahison d'un échevin de Tournus, qui négligea d'avertir les réformés, les troupes de Tavannes s'emparèrent de la ville au moyen d'un stratagème, pillèrent les maisons des protestants, se livrèrent à mille violences sur leurs personnes et mirent à mort Antoine Bonnet, de la manière la plus barbare, après l'avoir affreusement mutilé. L'avidité de Tavannes, qui profita largement du pillage, sauva la vie au ministre Pasquier,

---

[1] « Les femmes elles-mêmes accouraient à la brèche pour la réparer, et accompagnaient la canonnade par le chant des psaumes. » (Pingaud, *Les Saulx-Tavannes*, p. 37).

aux frères Dagoneau et à quelques autres réformés, dont on s'efforça de tirer de riches rançons. Après le départ de Tavannes, le marquis de Saint-Point, laissé par lui comme gouverneur de la ville, se fit, du massacre des réformés, un jeu cruel. Chaque jour, il en faisait sortir de prison quelques-uns, les faisait acculer par ses soldats sur le pont de la Saône, et les forçait à se précipiter dans la rivière. C'est ce que l'on a nommé : les sauteries de Mâcon. L'édit de pacification [1], quoique mal exécuté en Bourgogne, vint, l'année suivante, mettre un frein à la fureur des partis.

En 1567, la guerre civile se ralluma, et les protestants eurent, à Mâcon, dont ils se rendirent maîtres en septembre, l'occasion d'exercer de tristes représailles, qui n'égalèrent pas, cependant, les violences de 1562. Les paysans des environs, réformés pour la plupart, déchargèrent surtout

[1] Paix d'Amboise, 19 mars 1563.

leur colère sur les édifices conventuels ;
puis il y eut, au mois de décembre de la
même année, une nouvelle réaction, lorsque le duc de Nevers[1] reprit Mâcon sur
les huguenots ; plusieurs habitants réformés furent mis à mort, après quoi tout
s'apaisa de nouveau jusqu'après l'explosion de la Saint-Barthélemy.

Ce célèbre et horrible massacre, cependant, ne fit pas de victimes dans le Mâconnais, grâce à l'esprit de justice et de modération du gouverneur, Philibert de la
Guiche, dont la conduite, en cette circonstance, fut semblable à celle que Chabot-Charny avait tenue à Dijon. Les frères
Dagoneau, qui étaient rentrés en France
après un temps d'exil, furent plongés dans
les cachots et, de nouveau, rançonnés.
Olivier et Toussaint Dagoneau retournèrent plus tard à Genève. Jean demeura
dans son pays, où son sort ne fut pas heu-

---

[2] Louis de Gonzagne, devenu duc de Nevers
par son mariage avec Henriette de Clèves, dernière héritière de la maison de Nevers.

reux. On soupçonne qu'il fut empoisonné par sa femme, qui le trahissait.

Après tant de vicissitudes, l'Eglise de Mâcon connut des jours assez tristes. Une lettre de Théodore de Bèze, du 27 janvier 1579, nous la montre dans un état de désorganisation, dont elle n'avait pas encore pu suffisamment se relever. Elle avait un pasteur, mais ce pasteur, entravé dans l'exercice de son ministère, se demandait s'il ne devait pas porter ailleurs son activité.

Même alors, cependant, on pouvait constater que la grande aspiration du xvie siècle vers la vérité religieuse n'était pas encore épuisée. Une nouvelle main relevait le flambeau que l'on s'était efforcé de renverser. François Buffet, de Langres, prieur du couvent des carmes de Dijon, appelé, dans cette année 1579, à prêcher le carême à Mâcon, dans l'Eglise cathédrale de Saint-Vincent, y tint des discours que les premiers réformateurs n'eussent pas reniés, et dans lesquels il signalait les abus de l'Eglise romaine. Arrêté, conduit à Dijon, condamné par le parlement à se rétracter, il se soumit à la nécessité, mais garda ses convictions ; car, l'année suivante nous le voyons se rendre à Genève, où il étudia la théologie. Envoyé plus tard comme pasteur à Metz, il mourut dans cette ville en 1610[1].

En 1598, les circonstances paraissant devenir plus favorables, Théophile Cassegrain, alors pasteur à Pont-de-Veyle, crut pouvoir proposer une dispute publique de religion. Cette démarche prouve qu'il devait avoir remporté des succès de nature à l'encourager et qu'il sentait avoir pour lui la sympathie d'une partie au moins de la population. Commencée à Pont-de-Veyle, la dispute se continua dans l'hôtel de ville de Mâcon. Elle fut soutenue, du côté de l'Eglise romaine, par trois religieux minimes envoyés par l'archevêque de Lyon. Les pères Dinet et Humblot fu-

---

[1] Cf. p. 30

rent les principaux champions du parti catholique. La dispute n'eut pas de résultats immédiats, mais elle ne dut pas être inutile pour éclairer les intelligences et attirer l'attention sur les questions religieuses.

Les réformés de Mâcon ne purent pas s'assurer le privilège d'exercer leur culte dans l'enceinte de la ville. En 1599 déjà, le service divin se célébrait à Hurigny, village à deux lieues de Mâcon, et il en fut ainsi jusque vers 1610 ; puis il fut transporté au bois de la Brosse, où il demeura jusqu'en 1618. Mais à cette époque l'avocat Guichard acheta la terre de la Coupée qui touchait aux remparts de Mâcon, et obtint l'autorisation d'y faire bâtir un temple pour les protestants de cette ville. Ce temple conserva sa destination pendant soixante-sept ans. Fermé, comme tous les autres, au moment de la Révocation, il ne fut cependant pas renversé à cette époque. L'édifice a subsisté, au contraire, jusqu'à nos jours. Un incendie allumé par la foudre l'a consumé en 1872. Il avait 15 mètres de largeur sur 33 de longueur.

Au moment de la construction du temple de la Coupée, François Perreau était pasteur de Mâcon. C'était un homme instruit et capable d'initiative ; aussi est-il très probable qu'il seconda l'œuvre de l'avocat Guichard et contribua pour sa part à rendre à l'Eglise de Mâcon une place honorable parmi les Eglises de la Bourgogne ; celles-ci l'envoyèrent comme député au synode national d'Alais, en 1620 [1].

Après la Révocation, le dernier pasteur de Mâcon, Samuel Uchard, fut poursuivi

[1] Perreau était originaire de Buxy, d'après Courtépée. — « Pierre du Moulin, passant à Mâcon, en 1619, et allant voir le pasteur Perreau, raconte sans sourciller que la maison de ce pasteur avait été travaillée par l'espace de six semaines par un esprit malin » (de Félice, *Les Protestants d'Autrefois*, 3e série p. 237). Perreau (ou Perreaux) publie à Genève en 1653 sa fameuse *Démonologie ou traité des démons et sorciers.*

par les dragons et eut quelque peine à leur échapper, en se cachant dans les bois, pour atteindre Pont-de-Veyle, où se trouvait sa famille. Il réussit cependant à gagner la Suisse avec les siens, et s'établit à Berne d'abord, puis à Zurich.

Le temple de Mâcon une fois fermé, Bussières fut quelque temps, pour les réformés, un lieu de refuge. Un homme d'une famille honorable y exerçait la profession d'aubergiste. Son hôtellerie devint un temple et l'aubergiste lui-même se fit évangéliste. Les pasteurs proscrits trouvaient un asile sous son toit. Son dévouement pour ses coreligionnaires le porta à sacrifier pour eux toutes ses ressources. Ce fut chez lui que Cavalier, interné à Mâcon avec 300 des siens, après sa soumission en 1704, allait célébrer son culte. Sept ou huit familles de Mâcon ou des environs persistèrent, jusque dans la seconde moitié du xviiie siècle, dans la profession du protestantisme ; mais le manque absolu de secours religieux les obligea, peu à peu, à entrer dans les rangs de l'Eglise romaine.

II. — Parmi les familles protestantes de la ville de Mâcon ou des environs, nous trouvons d'abord quelques noms qui méritent une mention particulière. De ce nombre est celui de la famille *Dumont*, qui a donné à Genève le jurisconsulte Etienne Dumont, collaborateur de Mirabeau et de Bentham.

Un protestant nommé Apestigny ou de l'Apestigny, fut massacré à Mâcon en 1563.

Nous recueillons encore les noms suivants : Alloing, *d'Ars, Bergier*, Bernard, *Billiot, Blanc, Boit, Bourgeois,* Bouvet, Brossette, Brunet, Bruyes ou Broyes, Bruyère, Buffet, Canne, Chenoux, Chintré, Conin, *Crespin, Dagalier, Dauphin,* de Drée, Dunoyer, Goberon, Guichard, Lannes, de Lespinasse, de Lor, de Loyse, Magnen, de Maligny, Maréchal, de Mars, **Meyssonnier**, Moissonnier, *Pelletier,* Perrault, *Plantamour, de Rochemont*, Rosset, *du Rolet,* de la Serrée, Textor, Thuilier, Touillon, *des Vignes*.

III. — Voici les noms des pasteurs qui ont desservi l'Eglise réformée de Mâcon :

1553..........	Alexandre Camus.
1559,1561,1562.	Antoine Bonnet.
1560(?)-1562...	Pasquier.
1560(?)-1562...	Jacques Soltre (Solte).
1560..........	René Gassin.
1560..........	Jean Reymond.
1561..........	Pierre Bolot [1].
1561-1562.....	Mondon de Jussieu [2].
1579..........	Bouquin.
1603..........	Picquet (pour Mâcon et Cluny).
1610-1611.....	Louis de la Coste.

[1] Cf. *Hist. Ecclés.* III, 187, note ; *Bolot* est envoyé de Guise comme ministre à Mâcon, en octobre 1561, d'où il doit être allé quelque temps après dans le Vivarais.
[2] Cf. H. V. Aubert, dans *Bull.* XLVII, p. 33.

1618-1623..... François Perreau (Perreaud).
1626.......... P. Héliot.
1637-1647..... François Regnaud, sieur de Mépillac.
1654-1660..... Id. [1].
1665-1685..... Samuel Uchard.

[1] Liste de 1660, Mâcon : François *Renaud*, sieur de Mépillac.

2° Eglise de Bourg

I. — Raconter l'établissement de la Réforme dans la Bresse et les pays avoisinants serait une tâche intéressante, mais assez ardue, car pour se rendre un compte exact des fluctuations qu'a subies dans cette contrée le mouvement réformateur, il faudrait aborder en même temps l'histoire politique des souverainetés multiples entre lesquelles ce petit territoire se trouvait réparti. A côté de la maison de Savoie et des seigneurs presque indépendants qui reconnaissaient sa suzeraineté, comme les Châtillon, par exemple, nous y rencontrons encore, en effet, les princes de Dombes et d'autres grands feudataires, dont les dispositions à l'égard de la religion furent souvent très opposées les unes aux autres.

Ce qui nous frappe tout d'abord, c'est

que les origines de la Réforme, dans le pays dont il s'agit, sont fort anciennes et se rattachent aux premiers mouvements d'opposition contre Rome, dont les Vaudois du Piémont sont le type le plus saillant. Dans la Bresse, comme dans le Dauphiné, l'Inquisition était à l'œuvre dès le xv⁰ siècle.

Lorsque la Réformation proprement dite commença à se répandre, ses adhérents persécutés en France, et plus encore dans la principauté de Dombes, trouvèrent, en Savoie, du moins tant que dura le règne de Philibert-Emmanuel, de 1553 à 1580 [1], une tolérance relative, qui facilita la formation, dans la contrée, d'un certain

---

[1] En 1559, par le traité de Cateau-Cambrésis, Philibert-Emmanuel obtint, à la fois, la main de Marguerite de France, duchesse du Berry, sœur d'Henri II, et la restitution de toutes les provinces conquises sur Charles III par François I⁰ʳ. Or, Marguerite de France ne cachait pas ses sympathies pour la Réforme. V. Th. Claparède, *Histoire de la Réformation en Savoie* (ouvrage posthume), Genève-Paris, 1893.

nombre de groupes protestants, dont la ville de Bourg devint le centre naturel.

Nous avons vu, en parlant de Mâcon, comment le ministre Hugues Gravier avait quitté la Suisse pour venir accomplir une œuvre missionnaire dans la Bresse et les pays d'alentour. Le supplice de cet homme dévoué, qui eut lieu à Bourg, en janvier 1552, appartient au temps de la domination française et à l'époque où régnait Henri II.

En 1595, l'Eglise de Bourg se consolida sous la direction d'un ministre nommé Croizier; cet homme était le fils de Thomas Croizier, de Paris, surnommé le Tireur d'Or, l'un des plus féroces massacreurs de la Saint-Barthélemy. Le fils de cet homme sanguinaire était entré dans un ordre monastique, mais n'y trouvant pas la paix de sa conscience, il passa à l'Eglise protestante, et se fixa dans la Bresse, où son ministère paraît avoir porté d'heureux fruits.

Après le ministère de Croizier, dont il

est difficile de préciser la durée, l'Eglise de Bourg se trouve unie quelque temps à celle de Pont-de-Veyle ; puis elle recouvre, en 1603, une existence distincte. A cette date, un ancien chanoine, nommé Olympe, y exerce les fonctions pastorales. Il était originaire de Tossiat en Revermont, localité où il avait également institué un culte réformé. C'est à ce même ecclésiastique que l'on attribue aussi la fondation du temple de Reyssouze.

La Bresse venait alors d'être réunie à la France[1] et la citadelle de Bourg avait pour gouverneur un gentilhomme réformé, le baron Boissi de Pardaillan. Ce dernier fit construire à Bourg, en 1604, sur les glacis de la citadelle, un temple qui devait servir en même temps pour les réformés de la ville et pour les soldats protestants de la garnison.

Cet état de choses ne dura que sept ans. En 1611, Pardaillan fut contraint de rési-

---

[1] Par le traité de Lyon du 27 janvier 1601.

gner ses fonctions. On lui assura une retraite honorable et la citadelle fut démolie. Le temple, peu de jours après, fut incendié une première fois, on ne sait par quelle cause. A cette époque, l'Eglise de Bourg possédait un collège, mais ce collège ne fut pas de longue durée, en raison des vicissitudes auxquelles, à partir de ce moment, le culte réformé fut exposé dans cette ville. En effet, les réformés, après l'incendie de 1611, avaient bien obtenu de Louis XIII la permission de rebâtir leur temple; mais dans la nuit du 30 août 1619, le temple fut encore brûlé, et cette fois, par des mains criminelles. Les fidèles ne négligèrent aucune des tentatives nécessaires pour le relever, sans pouvoir y parvenir. Leurs adversaires alléguaient le petit nombre des réformés habitant la ville de Bourg; mais il est constant, par les registres du consistoire, que ce nombre était beaucoup plus considérable qu'ils ne le prétendaient, et que, de plus, le temple de Bourg servait au culte de très nombreuses familles disséminées dans les environs. Les prétextes les plus incroyables furent mis en avant pour frustrer de ses droits la malheureuse Eglise. Du reste, ces prétextes sont toujours et partout les mêmes. Le chant des psaumes dans un temple réformé avait le don de troubler le culte catholique à plusieurs kilomètres à la ronde. Un moine qui se promenait rencontrait-il un protestant qui se rendait au prêche ? C'était un scandale intolérable. Avec de tels prétextes, on peut aller loin. Aussi les réformés de Bourg durent-ils, en 1627, renoncer à leur projet. Le temple, dont on leur disputa même les mâtures, ne fut jamais rebâti, et sa destruction dut nécessairement entraîner la ruine de leur Eglise. La même année, on ordonna à quelques familles réformées d'avoir à quitter la ville. Cependant la communauté protestante conserva longtemps son organisation. En 1603, un de ses anciens, Antoine de Truchis, avait été choisi, par les Eglises de Bourgogne, comme député au synode national de Gap. Deux autres anciens, Pierre de Loriol et Lazare du Puy, assistent, en la même qualité, le premier au synode national de Charenton en 1623, le second à ceux de Castres en 1626 et de Charenton en 1631.

II. — Avant que d'énumérer les familles qui se rattachent à l'Eglise de Bourg, il ne sera pas sans intérêt de dire ici quelques mots de celles qui tinrent, dans la contrée, un rang éminent, ou qui jetèrent sur elle un certain éclat.

Nous ne rappellerons que pour mémoire celle des Coligny, et dont plusieurs membres : l'amiral de Coligny, Jacqueline d'Entremont, son épouse, d'Andelot et le cardinal Odet de Châtillon, ses frères, appartiennent à l'histoire générale de la France comme à celle des Eglises réformées de ce pays. Mais nous devons une mention particulière à la famille de Cornaton, dont un représentant, Pierre de Cornaton, enseigne de l'amiral de Coligny, était auprès de ce dernier dans la nuit de la Saint-Barthélemy. Cornaton échappa au massacre, et c'est par lui que sont venus jusqu'à nous la plupart des détails que nous possédons sur les derniers instants de son maître. La famille des Cornaton de la Gelière comptait parmi les plus distinguées de la Bresse.

Une famille bressanne dont le nom revient souvent dans les annales de nos Eglises est celle des Leguat. François Leguat est célèbre comme voyageur. Né en 1637, à St-Jean-sur-Veyle, Leguat passa en Hollande en 1689 et voulut prendre part à une expédition projetée en 1690, par le marquis Duquesne, pour coloniser une île de la mer des Indes et y établir des réfugiés français. Mais Duquesne abandonna son projet et se contenta d'envoyer à la découverte une petite frégate, l'*Hirondelle*, sur laquelle Leguat s'embarqua, avec neuf autres réfugiés, le 10 juillet 1690. Le récit de ses aventures à la Robinson a été tenu longtemps ponr fantastique, mais un examen plus approfondi en a fait reconnaître l'exacte vérité. Leguat est un caractère intéressant, un esprit large et ouvert, en même temps que profondément religieux.

Un siècle auparavant, en 1515, était né dans le Bugey, à Saint-Martin-du-Fresne, près de Nantua, un des hommes les plus remarquables de la Réforme, Sébastien Castalion (Chateillon). D'abord collaborateur de Calvin, il dirigea quelque temps, à Genève, le collège de Rive, ou Vieux-Collège. Aucune destinée ne fut plus douloureuse que celle de ce savant illustre, que sa tolérance chrétienne, si mal comprise de ses contemporains, réduisit, en quelque sorte, à n'être qu'un paria dans le monde des lettres, et qui mourut à Bâle, en 1563, dans un état très voisin de la misère, après avoir compté parmi les premiers érudits de son siècle [1].

Entre les familles bressannes, il faut citer la famille Boissy de Loriol. Elle em-

[1] V. sur Sébastien Castellion, le beau livre de M. Buisson. Paris, Hachette, 1892.

brassa de bonne heure la religion réformée et lui resta fidèlement attachée, même après la révocation de l'Edit de Nantes. Vers le milieu du xvie siècle, elle s'était divisée en deux branches, dont l'une habita plus particulièrement la Bresse, l'autre la Bourgogne. La première trouva un refuge soit en Suisse, soit à Berlin. La seconde, qui possédait en Bourgogne les seigneuries de Digoine (Saône-et-Loire), de Gerland, de Corrobert, de St-André-le-Bouchoux, etc., s'éteignit en Suisse assez promptement [1].

Plusieurs centres protestants existaient encore, au xvie et au xviie siècles, sur les bords de la Saône. C'étaient, d'abord, Cruzilles, non loin de Tournus, où prospérait, en 1578, une communauté réformée, dont le temple fut détruit, en 1589, dans les

---

[1] Cf. de Félice, *Les Protestants d'autrefois*, 3me série, p. 170. « A Bourg-en-Bresse, le 27 novembre 1611, après le départ de M. de Boisse, l'Eglise se voit contrainte d'offrir au pasteur un traitement inférieur de 200 livres à celui qu'il **recevait auparavant.** »

guerres de la Ligue. Nous rencontrons dans les papiers de la Vénérable Compagnie de Genève, à la première des deux dates que nous venons d'indiquer, un extrait du registre des actes du consistoire de la communauté en question, relatif à une affaire privée. Cette pièce nous montre que le seigneur du lieu, Guérin de Cabrayrolles, ainsi que la dame de Cruzilles son épouse, faisaient partie de cette Eglise, dont le ressort s'étendait sur les protestants habitant Chagny, et qui possédait alors un pasteur nommé Alizet ou Blizet. Après Cruzilles, il faut mentionner encore Châtillon-les-Dombes, où nous trouvons des familles Le Duc et Raol; c'est probablement à cette communauté que fut envoyé, en 1562, un ministre nommé Pierre Le Duc; Bâgé, localité entre Bourg et Mâcon, qui donna le jour, en 1527, à un célèbre médecin réformé nommé Duret; enfin Saint-Cyr, Cormoranche et divers autres endroits.

Dans la ville de Bourg et ses environs immédiats, les anciens registres consistoriaux et les documents concernant le Refuge signalent l'éxistence des familles suivantes : *Aiboud*, *Arbelot*, Baronnat, Bergier, *Bernard,* Bouchard, Bouillard, Bourdier, Bretelle, de Brosses, de Buhenc, Chambard, Champagne, Charbonnier, Chossat, de la Chapelle, Choureau, Cochet, Compaigne, de Corsant, Dubois, Ducot, Dupalais, Duret, Foissiat, Gai, de la Gacherie, Gollier, Gourdan, Goyon, Guichard, Guerre, Guillermin, Guyot, Lacroix, Laplace, Lamarche, La Gravière, Lanan, Laurent, Lebé, Lebret, Legros, de Maisonneuve, Mantelier, de Marcombes, Monginet, de Normandie, Paluat, Pateau, de la Pensée, Perrin, Perrinet, Poinsard, Poncet, Rabuel, Regnaud, Sève, Teinturier, Textor, Thévenin, Uchard, Vidart, Yrmeau.

Sans une désignation toujours précise, mais en restant dans la même contrée, nous rencontrons encore les noms de : *Antoine* (Serpolières-de-Dombes), *Auzet* (Dombes), *Benoît (id.)*, *Billiot* (Foissiat en

Dombes),Faure(Dombes),Gautier(Bresse), Girard (*id.*).

III. — Les pasteurs de Bourg qui nous sont connus sont les suivants :

1552.........		Hugues Gravier.
1595.........		Croizier.
1603.....	1604	Olympe.
1604.........		Abraham Grenet.
1606-1613....		Blevet puîné [1].
1613.....	1623	Alexandre Rouph (Roux) [2].
1626.........		P. Pelet (Pellet) [3].
1634.....	1637	Jacob Textor.

[1] Cf. de Félice, *Les Protestants d'autrefois*, IIIe série, p. 231 : Un caporal protestant s'étant adressé à un prétendu sorcier ou « devin », est censuré par M. Blevet, pasteur, et suspendu de la Sainte-Cène.

[2] Alex. Rouph était du pays de Gex. Il fut reçu proposant de la province de Bourgogne au synode provincial de Buxy (8 mai 1610 . Il devient pasteur de l'Eglise de Bourg en juillet 1613. En 1624, il est nommé second pasteur de l'Eglise de Lyon. Cf. B. P. F., le registre consistorial de Bourg (1604-1617) et *Bull.* XII, 485.

[3] Il avait été auparavant pasteur à Belleville.

3º Eglise de Pont-de-Veyle et Reyssouze

Emmanuel-Philibert, duc de Savoie, était rentré en possession de la Bresse par le traité de Cateau-Cambrésis, en 1559[1]. Malgré son hostilité déclarée contre le protestantisme, son autorité, remarque un historien[2], « succédant à la sanguinaire tyrannie d'Henri II, ramena dans ses provinces une tolérance relative ». Aussi, après la prise et le sac de Mâcon par Tavannes en 1562, une partie de la population de cette ville opulente émigra-t-elle en Bresse et surtout à Pont-de-Veyle, où elle fonda une Eglise. En 1599, lorsque le

---

[1] La Bresse avait été conquise, en 1535, par François Ier.

[2] Th. Claparède, *Histoire de la Réformation en Savoie*. Paris, Fischbacher, 1893.

maréchal de Biron[1] envahit la Bresse, les réformés de Pont-de-Veyle obtinrent de lui, par l'organe d'un des leurs, Jacob Forey, de sanctionner l'établissement du prêche. L'Eglise possédait alors temple et consistoire. Plus de deux mille personnes suivaient les assemblées qui avaient lieu à son de cloche. Le local où elles se tenaient ayant servi à des écoles communes, les réformés indemnisèrent les catholiques et achetèrent la cloche.

L'acquisition que Lesdiguières fit, en 1615, des seigneuries de Pont-de-Veyle et de Châtillon donna un grand élan au protestantisme dans cette localité. Avant et même après son abjuration (1622), le duc

---

[1] Henri IV avait déclaré, le 11 août, la guerre au duc de Savoie, qui se refusait à lui rendre le marquisat de Saluces. Par le traité de Lyon (27 janvier 1601), Charles Emmanuel garda le marquisat de Saluces, moyennant cession à la France de la Bresse, du Bugey, du Valromey et du bailliage de Gex. Depuis cette époque jusqu'à la Révolution, la Bresse fit partie du gouvernement de Bourgogne.

ne cessa de protéger les réformés qui habitaient ses seigneuries de la Bresse; au milieu de la perturbation générale, il leur assura la tranquillité. Les Jésuites s'étant introduits à la sourdine à Pont-de-Veyle, en 1617, il usa de son autorité pour les empêcher de s'y établir, et ce ne fut qu'après sa mort qu'ils réussirent à y fonder une maison devenue célèbre. La petite ville de Pont-de-Veyle était alors presqu'entièrement protestante; sa communauté pouvait compter environ sept cents fidèles, et, par son influence, les populations rurales d'alentour adoptèrent, en bonne partie, les principes de la Réforme. Ce district de la Bresse fut celui où le protestantisme trouva les plus nombreux adhérents dans la classe des agriculteurs.

Le 5 août 1620, une assemblée des réformés fut tenue dans la localité pour s'occuper des intérêts de la religion dans la province de Bourgogne.

De bonne heure, l'Eglise de Pont-de-

Veyle s'occupa de développer l'instruction de la jeunesse. Dès 1603 elle avait un collège, et les catéchismes destinés aux écoliers se faisaient sur des textes français, latins et grecs. En 1614, le synode national de Tonneins concentra à Pont-de-Veyle les divers collèges de la province de Bourgogne, qui étaient au nombre de cinq, savoir : Pont-de-Veyle, Paray-le-Monial, Buxy, Is-sur-Tille et Bourg. Le collège unique demeura fixé à Pont-de-Veyle jusqu'en 1634. Il fut alors transporté à Couches, puis replacé à Pont-de-Veyle, en 1654. Le culte ayant été frappé d'interdiction dans cette localité, en 1662, ce fait entraîna la suppression du collège réformé.

L'Eglise de Pont-de-Veyle eut l'honneur de voir, en 1617, un de ses anciens, Albert de Mars, appelé à représenter la Bourgogne au synode national de Vitré, et son pasteur, Amed de Choudens, à celui de Loudun en 1659.

En 1661, on commença à contester aux

réformés de Pont-de-Veyle le droit d'exercer leur culte. La question fut déférée à deux commissaires : Chevalier, et Bouchu intendant de la province, ce dernier, dévoué, on le sait, au partie catholique. Les avis des commissaires s'étant partagés, le Conseil royal rendit, en 1662, une sentence conforme à l'opinion de Bouchu. Par cet arrêt, le roi interdisait, à Pont-de-Veyle, l'exercice du culte réformé. Il défendait de prêcher ailleurs qu'à Reyssouze, localité située à plus de quatre heures de distance de Pont-de-Veyle et qui restait ainsi le seul lieu d'exercice pour tout le bailliage de Bresse[1]. Il interdisait de tenir des discours injurieux contre les catholiques. Il prohibait le chant des psaumes dans les boutiques et généralement partout où il pouvait être entendu par les catholiques romains. Il défendait de garder les *Chansons spirituelles*, recueil de cantiques dont les réformés se servaient

[1] V. B. P. F., *Le Registre de l'Eglise de Pont-de-Veyle et Reyssouse* (copie de M. Auzière).

pour leur édification. Il ordonnait à ces derniers de rendre leur cloche, qu'ils avaient dûment achetée plus de soixante ans auparavant. Il donnait la direction de l'hôpital à des catholiques et enjoignait enfin aux réformés d'enterrer leurs morts sans assemblée, avant le lever ou le coucher du soleil. En même temps on cassa le collège protestant de Pont-de-Veyle, on défendit aux réformés d'avoir un maître d'école de leur religion, on leur suscita toutes les difficultés imaginables et l'on commença à organiser les enlèvements d'enfants.

Le 26 février de la même année, l'intendant Bouchu revenant d'une mission à Genève, s'empara du temple et de ses dépendances. Il fit du temple la chapelle d'un hôpital, qui fut aussitôt consacrée, par l'official de l'archevêque de Lyon, sous le vocable de Saint-Ignace. Après la messe, les livres des réformés, entre autres le recueil des *Chansons spirituelles*, furent brûlés par la main du bourreau.

Les réformés avaient vainement essayé de détourner le coup qui les frappait. On alléguait encore ici le prétexte que le temple était placé trop près de l'église catholique, dont ce voisinage empêchait, disait-on, le service. Or il y avait cinquante pas de distance entre les deux édifices, et l'on était venu bâtir l'église catholique dans la proximité du temple un demi-siècle après la construction de ce dernier.

Les réformés furent donc contraints de célébrer leur culte dans le temple de Reyssouze, de 1662 jusqu'à la Révocation, ce qui, vu la distance, était chose presque impossible pour les femmes, les enfants, les vieillards.

Beaucoup de réformés de la Bresse prirent alors l'habitude d'aller assister au service divin dans le temple de la Coupée, près de Mâcon, mais on leur contesta ce droit, et les autorités de Mâcon finirent par faire fermer les portes de leur ville pour les empêcher de la traverser.

En 1685, l'intendant de Bourgogne, Harlay, fit démolir le temple de Reyssouze, qui avait été bâti en 1606. La destruction de ce temple a été célébrée en une longue chanson en patois de Bresse. Un autre temple avait existé auparavant, à Gorrevod. Le portail du temple de Reyssouze fut transporté à Pont-de-Vaux, où il forma l'entrée de l'hôpital. C'est (au dire de M. Chevrier) un beau spécimen du style de l'époque, et ses dimensions attestent qu'il a dû appartenir à un assez vaste édifice. L'industrie des draps florissait alors dans la contrée. Elle disparut au moment de la Révocation.

Aucune indignité ne fut épargnée aux malheureux réformés de Pont-de-Veyle. En 1685, une fille de la localité fut traînée *nue* sur la claie. Le même outrage fut infligé au cadavre d'un notaire nommé Jarri.

II. Pont-de-Veyle donna probablement naissance à la fin du xve siècle, ou au début du xvie à Erasme Cornier, lettré distingué, qui enseigna d'abord à Lausanne, puis à Montbéliard, enfin à Genève, où il aida Calvin dans ses travaux pour l'instruction publique. Il y mourut en 1550. Plusieurs familles du même nom, sorties de Pont-de-Veyle, s'établirent tant à Lausanne qu'à Genève, après la Révocation.

Nous avons omis jusqu'ici de parler des Guichenon, famille notable protestante, qui habita simultanément ou successivement plusieurs localités de la Bresse. L'historien Samuel Guichenon, protestant par la naissance, était né en 1607, à Mâcon, d'un père médecin, originaire de Châtillon-les-Dombes. Il fut baptisé, pour des raisons d'opportunité, dans le temple de Pont-de-Veyle. Il se fit catholique à l'âge de vingt-trois ans, et se fixa à Bourg, où son père avait habité et où l'avait attiré un mariage avantageux. Sa famille n'en persista pas moins dans la religion **réformée**. Il y avait, dans le Brandebourg, des réfugiés de ce nom, descendant probablement d'un de ses frères. Un nommé Guichenon, de la Bresse, sortit aussi de France au moment de la Révocation et se fixa à Zurich avec sa famille.

Une autre famille bressane protestante, celle des Uchard, eut pour principale résidence Pont-de-Veyle. Cette famille était originaire de Genève, où elle avait porté le nom de Wuichard, et s'était fixée en Bresse et en Bourgogne au commencement du xvie siècle. Son nom reparaît à chaque instant dans les annales des Eglises réformées de la province. Une partie de la famille émigra à la suite de la Révocation, nommément Samuel Uchard, pasteur de Mâcon. Une autre partie, restée en France, demeura, assez longtemps du moins, fidèle au protestantisme, sans vouloir abjurer, malgré toutes les persécutions dont elle fut l'objet. Cependant les dernières générations ne purent pas ou ne surent pas persister dans leur foi.

Est-ce une altération du même nom ?

mais nous trouvons encore un Samuel Echard, de Pont-de-Veyle, étudiant la théologie à Genève en 1606. Il fut pasteur au Vez, en 1617.

Les autres noms de famille propres à l'Eglise de Pont-de-Veyle sont les suivants : *Arambourg, Bagalier,* Bapierre, Barière, Bataillard, *Berchard*, Bernard, Berthelier, *Bouverot,* Charlot, *Clavel,* de Corn, *Dagalier, Dégallier*, De la Fontaine, *Delorme, Deplanche, Dumont*, Farcy, Faure, comtes de Fevrassière, *Frère,* de la Garde, Givord, Lamy, Lémonon, de Loriol, Mantelier, Michelet, Passin, Rabuel, Regnaud sieurs de Colan, Regnaud de Mépillat, Reymond, Repey, Rivet, Vinet.

III. — Nous donnons ici les noms des pasteurs qui exercèrent leur ministère à Pont-de-Veyle :

1597-1601..... Théophile Cassegrain [1].

---

[1] V. pp. 43, 94 et 121.

1603 — 1618   De Lorme (Delorme)[1].

1618.........   Chandieu, sieur de Grevilly.

1619,1623,1624   Foissiac [2].

1626.........   Jacob Textor [3], Guionnet, proposant [4].

1627, 1629....   De Mépillat (Regnault).

1631-1634.....   Tanvol, Guionnet.

1634,1654.....   Tanvol, Jean de Marcombes.

[1] Cf. sur Delorme, *Actes des synodes provinciaux de Buxy* (1610) et de *Paray* (1618). En 1618, Delorme passe à Belleville.

[2] En 1623, Foissiac est un des pasteurs qui vont faire le culte à Lyon. *Bull.* XII, 485.

[3] Jusqu'alors pasteur à Pont-de-Vaux. Au synode d'Is-sur-Tille (1626), l'Eglise de Pont-de-Vaux est jointe à celle de Pont-de-Veyle, « du consentement des deux Eglises, qui seront pourvues de deux pasteurs demeurant à Pont-de-Veyle ».

[4] Au S. de Pont-de-Veyle, le proposant Gédéon Guionnet de Libourne est examiné, son ministère est donné à l'Eglise de Pont-de-Veyle.

1657 — 1676   Amed de Choudens[1].
1676..........   Pierre Roch.
1678 — 1685   Jacob de Marcombes.

[1] Cf. B. P. F. (*Registre de l'Eglise de Pont-de-Veyle*, copie de M. Auzière). Amed de Choudens est mort le 22 juin 1676.

4º Église de Pailhat [1]

En 1571 ou 1572, les huguenots de Saint-Etienne-en-Forez, fatigués des persécutions auxquelles ils sont en butte, veulent se réfugier à Ambert, en Auvergne. Cette ville refusant de les recevoir, ils s'établissent alors sur les confins de l'Auvergne et du Forez, en un lieu appelé Pailhat [2]. En 1576, leur ministre se nomme Massin. L'année suivante, les catholiques d'Ambert les surprennent et massacrent les huguenots et leur pasteur.

A la suite de la promulgation de l'Edit de Nantes, Pailhat fut une des quatre

---

[1] Cette Eglise ne figure pas parmi celles du colloque de Lyon dans la liste de 1603 ; elle s'y trouve dans les listes de 1620 et 1626, 1637 et 1660.

[2] Cf. *Encycl. des Sc. rel.*, art. Forez (signé N. Weiss). Pailhat est un village de la commune de Job, canton d'Ambert.

Eglises établies en Auvergne [1]. Elle se réunit, pour le culte, dans la maison du pasteur.

Dans la seconde moitié du XVIIe siècle, elle se trouvait, soit par l'effet de quelque persécution locale, soit par suite de l'insuffisance de ses ressources, obligée de recourir à l'assistance de l'Eglise de Nîmes, dont le Consistoire lui octroie, en 1664, un don annuel de quinze livres, qui lui fut expédié, deux années de suite, par les soins de l'ancien Claude Claparède.

Liste des pasteurs :

1576..... Massin.
1620..... J. Laurent.
1626..... Pierre Tanvol.
1637..... L'Eglise est sans pasteur.
1649-1654 Dufresne.
1659-1660 Sauvage père.
1665-1685 Louis Desmaiseaux (ou des Maiseaux).

[1] Cf. Maringues, p. 126, où se trouve le renvoi au travail de Hauser paru depuis la mort de M. Naef. V. aussi thèse de Lagier, *Guy de Moranges et la Réforme à Aurillac*. Aurillac, 1900.

5° Eglise de Beaujeu [1]

Nous ne sommes guère plus riches en documents sur cette Eglise que sur la précédente. La liste de ses pasteurs ne nous conduit même pas fort avant dans le cours du xviie siècle. Voici ceux dont nous avons retrouvé les noms :

1603..... Connin.
1604..... Ollier.
1610..... Roy.

En 1551, un ecclésiastique appartenant à cette Eglise par sa naissance, Claude Faure (ou Favre), de Beaujeu, ministre à l'hôpital pestilentiel de Genève, est reçu gratis bourgeois de cette ville, en consi-

---

[1] Nous ne trouvons cette Eglise comme figurant dans le colloque de Lyon que dans la liste de 1603.

dération de ses services. Les actes des synodes provinciaux de Bourgogne nous donnent les noms de trois des anciens de l'Eglise, appartenant tous aux premières années du xvii° siècle; ce sont ceux de Jarreton, Hyvernat et Rey. A quelques lieues de Beaujeu, est la petite ville de Charlieu, où se trouvaient aussi des familles protestantes, parmi lesquelles celle des Favon, dont un membre, Etienne, fut reçu « habitant » de Genève en 1553.

Le synode des Eglises de Bourgogne reçut, à diverses reprises, dans son sein, les députés de quelques Eglises du Forez, telles que celles formées des protestants de Bourg-Argental et de Saint Etienne-en-Forez[1]. Sa députation toutefois n'y figure que dans les premières années du xvii° siècle.

Elle fut alors desservie par les pasteurs :

[1] Cf. *Encycl. des Sc. relig.*, art. *Forez*. L'Eglise de Saint-Etienne fut rattachée à la province ecclésiastique du Vivarais.

1603-1604 Le Faucheux.

1609..... Dav. Dupuis (ou Du Puy).

Parmi les noms de ses anciens, nous trouvons ceux de Bouillot, Bonardeau et Dydoine.

* * *

En 1562, des Eglises protestantes existaient aussi à Viviers et à Vichy [1].

Dans le gouvernement de Bourgogne, en mettant toujours à part le pays de Gex, où l'émigration fut encore infiniment plus forte, — le nombre des familles et des individus appartenant à la religion réformée qui quittèrent la France à la suite de la Révocation de l'Edit de Nantes représente numériquement le tiers de la population protestante de la province. C'est ce qu'atteste un mémoire officiel de 1698,

---

[1] En 1564, une Eglise est fondée à Amanzé, à trois lieues de Semur-en-Brionnais ; voir un extrait du Journal de Chandieu, *Bull.* XXXVII, 172 (article de A. Bernus).

dont l'auteur ne saurait être taxé d'exagération, puisqu'il n'est autre que l'intendant de la province lui-même, Ferrand. Sans les obstacles mis à la sortie des religionnaires, sans le défaut de ressources matérielles qui s'opposait au départ d'une multitude d'entre eux, nul doute que l'émigration n'eût été bien plus considérable.

Nous avons cherché à reconstituer, dans ses principaux éléments, le passé de ces Eglises aujourd'hui anéanties. Et pourtant il est encore beaucoup de noms, appartetenant à ces Eglises de la Bourgogne, que nous n'avons pu classer, faute de renseignements précis sur le lieu d'origine des familles qui les ont portés. Nous en indiquerons ici quelques-uns :

Bailly, de Bellujon, Billard, de Bouton-Chamilly[1], Coppelet, Cresson, Dalande, Dariot, Disdier de la Grand'Maison, Dolon de la Goupillère, Druet, Du Four, Ester-

---

[1] V. *Fr. prot.* Art. Bouton-Chamilly. Chamilly est un village situé à trois lieues et demie de Chalon-sur-Saône.

gou, de Ferrière, Grumel, de Joux, de la Fin[1], Loron du Tarot, Masson, Morel.

On ne doit pas oublier que les familles nobles échappent, plus aisément que d'autres, à la classification ; par la possession de terres nombreuses et disséminées, elles se trouvent appartenir non seulement à plusieurs localités, mais souvent à plusieurs provinces.

*
* *

Si nous avons laissé de côté la Franche-Comté, c'est que, dans cette province, toute autrichienne, jusqu'au siècle de Louis XIV, le protestantisme ne se montra jamais organisé, comme il le fut en Bourgogne. Néanmoins, elle ne laissa pas que de fournir aussi quelques témoins à la Réforme, tels que l'érudit Gilbert Cousin, né à Nozeroy, en 1527, qui fut le famulus d'Erasme et, sans s'avancer beaucoup plus

[1] V. *Fr. prot.* Art. Lafin. Jean de Lafin était seigneur de Beauvoir-La-Nocle. La Nocle est à trois lieues au nord de Bourbon-Lancy.

loin que son maître, n'en fut pas moins persécuté pour ses opinions ; il mourut à Besançon vers 1570 ; un Guénard, ancien capucin de Dôle, qui fut un des correcteurs de l'imprimerie de Candolle à Yverdon ; un Guinand, Franc-Comtois, maître de forges, qui transporta son industrie à Saarbruck en 1688 ; une famille Raillard, de Passavant en Franche-Comté, établie à Bâle ; une famille de Roches, originaire de la même province, fixée à Genève dès le xvie siècle ; un Jean de Saint-André, de Besançon, réfugié à Genève, qui devint pasteur à Moins, puis à Jussy, et d'autres encore.

Ainsi, bien que la domination de la maison d'Autriche n'eût pas permis au protestantisme de s'y établir et d'y prospérer au grand jour, il n'est pas douteux que la Réforme n'y ait compté plus d'un partisan secret, et peut-être ne serait-il pas impossible de suivre, au sein même de cette province, les traces du grand mouvement religieux du xvie siècle.

APPENDICE I

Réfugiés de Bourgogne[1] admis à la bourgeoisie de Genève de 1539 à 1792 [2]

1539. Jehan De Boex, d'Auxerre.
1541. Guyot Fallion, de Bligny-sur-Ouche.
— Jehan Duvet, de Dijon.
1547. Hon. Symon Du Tertre, de Saulieu.
— Heinrich Chauvestre, d'Amugny, près Mâcon.
— Pierre Aubert, de Moutiers (Yonne), lanternier.
— Philibert De Beaulieu, de Bourg-en-Bresse, menuisier.
1548. M^{tre} Jehan Garnier, de Cluny, serrurier.

---

[1] Y compris la Bresse et le Bugey. Th. Claparède, *op. cit.*, p. 338, a publié les noms des familles réfugiées du pays de Gex admises à la bourgeoisie de Genève depuis 1662.

[2] D'après *Le Livre des Bourgeois* de l'ancienne République de Genève, publié par Alfred-L. Covelle. Genève, Jullien 1897. — (Les rôles des personnes admises au droit de cité n'indiquant pas toujours le lieu d'origine des *natifs*, la liste que nous donnons est certainement très incomplète).

1548. [M^{tre} Claude Favre, de Beaujeu, ministre de l'hôpital pestilentiel] [1].
1552. Jehan Byatrys, de Dijon, marchand.
1553. Monet De Chastillon, de Saint-Martin-du-Frêne, maréchal.
1554. Jehan Bonnevie, de Mothiez [2].
1555. Pierre Duc, de Saint-Didier-de-Chalaronne en Dombes, poudrier.
— François Du Pont, clerc, de Dun-le-Roi (Saône-et-Loire).
— Jacques Prodhomme, de Dijon, apothicaire.
— Philibert Serrazin, du Charolais, docteur en médecine.
— Jean Belot, de Montréal (Yonne).
— Pierre Duc, de Thoissey (Ain).
1556. François-Louis Garin, de Bourg-en-Bresse.
— Nob. François de la Botière, de Cluny, et Guillaume, son fils.
— Jehan De Lestre, de Saint-Bry-lès-Auxerre, clerc.
— Jehan Durand, de Marigny, près Châtillon-sur-Seine, libraire, et Isaac, son fils.

[1] Les noms mis entre crochets n'appartiennent pas à la Bourgogne proprement dite, mais à la Bourgogne ecclésiastique.
[2] Est-ce Moutiers (Savoie) ou Moutiers (Yonne) ?

1557. Guillaume Savarin, de Nantua.
— Mathias Grandjean, de La Clayette en Mâconnais, ministre de l'église de Dieu.
— Antoine Du Mont, de Noyers.
— Jacques Claude, et Claudin Dou Mont, de Saint-Laurent-de-Mâcon, mandement de Bourg-en-Bresse.
1558. Denis Yvard, de Bourg-en-Bresse, cordonnier.
— Jacques Peney, de Chalon-sur-Saône.
1559. Benigne Genier, de Dijon, cordonnier.
— [Théodore de Bèze, de Vézelay].
— Itace Malan, de Dijon, fils de Claude, bourgeois de Dijon, marchand de draps, et Claude, son fils.
1560. Jean De Léry, de la Margelle.
1562. Nicolas Bissac, du duché de Bourgogne, torneur et horologeur, gratuitement, en esgard des réparations qu'il a faites à la monstre du Molard, à la charge qu'il conduyra la dite monstre.
— Michel Joly, de Bourg-en-Bresse, serrurier.
— Jehan Burnet, de Grand-Vallion d'Aspremont près Nantua, maçon.

1562. Jehan De Semeur, de Dijon, greeur (maçon).
1563. Humbert Escuyer, de Nantua, épinglier.
— Nicolas Grappin, de Balot, bailliage de Châtillon-sur-Seine, menuisier, et Abraham, son fils.
1563. Antoine Davodeau, de Saint-Julien près Dijon, imprimeur, Isaac et Luc ses fils.
— Lucas De Mortières, de Saint-Désert, bailliage de Chalon, imprimeur.
— Philibert Humbert, bourgeois de Dijon.
1565. Claude Bally, de Mâcon, sergier.
1567. Jehan Grene, de Sougny en Bourgogne.
— Jehan Julian, de Trivilly (Trévilly), bailliage d'Avallon.
— Gaspard Bally, de Mâcon.
1568. Claude Sergo, de Cire-en-Bresse (Saint-Cyr).
1569. Nicolas Boulu, de Granges-en-Michaille, barbier.
1572. Léonar Collusson, de Bourg-en-Bresse.
1573. Nob. Gilbert Regnaud, sieur de Vaulx en Bourgogne (près de Cluny) [1], avec ses enfants Jacques et Claude.

[1] Ami de Chandieu, v. *Bull.* XXXVII, 183.

1573. Blaise De Vaux, de Dijon, joaillier.
— Humbert Chapotet, de Bourgogne.
1574. André Pillot, d'Autun.
1577. Philibert De Beaune, de Dijon, couturier.
1578. André Decroso, de Pont-d'Ain en Bresse.
1579. Jean Bouliez, de Baulme-la-Roche, imprimeur.
— Jean Chiquelle, d'Ampilly-le-Sec, imprimeur.
— [F. Forestz, de Maringues, imprimeur].
— Nicolas Le Nyef, de Ravière, menuisier.
— Humbert Guaict, de Nantua, aiguiletier.
1580. Jean Crespin, de Mâcon, notaire, et Charles son fils.
— Georges Grangier, de Dijon, tondeur de draps.
— Jaques Chouet, de Colmier-le-Sec.
1582. Guillaume Gibaud, de La Chaux, tisserand.
— Nob. François Le Marlet, sieur de Salon (Saulon), fils de feu nob. Jehan Le Marlet, sieur de Gemeaux, de Dijon.
1583. M^{tre} Toussaint Dagoneau, de Mâcon.

1583. Jean Le Bœuf, de Bléneau, diocèse d'Auxerre.
— Jérémie Des Planches, de Dijon, imprimeur.
— Dominique Magnin, de Mâcon, marchand drapier.
1584. Eléazar Perreaud [1].
1587. Charles Cusin, d'Autun, horloger.
1591. M^tre Olivier Dagoneau, de Mâcon, notaire.
1593. Théodore Gautier, de Saint-Trivier-en-Bresse.
1596. Jérémie Binet, de Dijon.
1598. Philibert Du Boys, de Louhans, cordonnier.
1601. François Mermet, de Saint-Rambert en Bugey.
1602. Hon. Jean Cropet, de Châtillon-en-Dombes.
1603. Pierre et Jacques Chouet, enfants de feu Jean, de Châtillon-sur-Seine.
1605. Guiot Dore, fils de Samson, de Châtillon-sur-Seine.
1608. Gaspard Janin, de Génissiat-en-Michaille.
— Pierre Perret, de Vovrey-en-Michaille (Vouvray, Ain).

[1] Voir la liste des pasteurs d'Is-sur-Tille.

1608. Abraham Gainier, de Chalon-sur-Saône.
1610. François Verney, de Châtillon-en-Michaille.
1616. Denys Chabran, de Paray-le-Monial.
1629. Hon. Georges Barrachin, de Saint-Rambert, marchand pelletier.
1637. Antoine Quenot, de Chalon, maître confiseur.
— Simon Pierre De la Croix, de Chalon, fils de feu nob. Marc De la Croix, vivant docteur-médecin à Chalon.
1641. Sieur Robert Chapponnet, de Châtillon-sur-Seine, marchand.
1643. Claude Grillot, d'Arnay-le-Duc, maître tisserand, avec Jean et Michel, ses enfants.
1674. Jean Guyon, de Beaune.
1692. Pierre Bruze, de Châtillon-les-Dombes, demeurant ci-devant à Lyon, marchand, et Pierre, son fils.
1697. Théodore Plantamour, de Chalon-sur-Saône, marchand.
— Daniel Vieux, de Paray-le-Monial.
1699. Jean-Philippe Lhuillier, fils de feu Isaac, de Mâcon, maitre et marchand orfèvre, avec ses cinq fils.

1699. Daniel L'Huillier, fils de feu Isaac, maître et marchand orfèvre, Abraham Philippe, son fils.
1702. Jérémie Bouverot, de Pont-de-Veyle en Bresse, marchand.
1704. Jean Rousset, de Paray-le-Monial en Bourgogne, chaudronnier.
1708. Bénédict Lalouet, de Mirebeau.
1709. Philibert Fanjoux, fils de Jérémie, de Paray-le-Monial, chaudronnier.
1710. Abraham Perreault, de Mâcon, négociant.
1717. Nob. et spect. François de Rochemont, de Couches, ministre du Saint-Evangile.
1718. Jacob Galoix, de Buxy, maître menuisier, Jacques, Isaac et Pierre, ses fils.
— Nob. Claude Dupuy, seigneur de Saint-Gervais, dans le duché de Bourgogne, fils de feu nob. Abraham, réfugié en cette ville, en l'année 1685.
1722. Philibert Viridet, ds Paray-le-Monial, chaudronnier.
1725. Pierre Carteret, fils de feu Philippe, d'Is-sur-Tille, depuis 24 ans en cette ville, habitant depuis 16 ans, trai-

teur, Antoine, âgé de 10 ans, et Pierre, de 4 ans, ses fils.
1725. Barthélemi, Jacques, Isaac et Pierre Girod, natifs, âgés de 20 ans, 12 et 8 ans, fils de feu Isaac Girod, de Chalon-sur-Saône, et de demoiselle Jeanne Vincenod.
1726. Jean-Philippe Petit, de Buxy, habitant, élevé en cette ville depuis l'âge de 2 ans, fabricant d'indiennes, avec ses trois fils.
1730. Pierre Viridet, de Paray-le-Monial, né en 1681, habitant depuis 27 ans, retiré en cette ville il y a 32 ans, chaudronnier, Jérémie et Moïse, ses fils, nés en cette ville.
1735. Jean-Baptiste Perraud, natif de Mâcon, âgé de 36 ans, marchand drapier.
1770. Georges-Louis Le Sage, natif, mathématicien, associé de la Société Royale des Sciences de Montpellier et correspondant de l'Académie Royale des Sciences de Paris, fils de feu Georges-Louis Le Sage, habitant [1].

[1] V. p. 153.

Temple d'Auxerre
(ancienne église St-Pèlerin).

APPENDICE II

Dates des principaux événements relatifs au rétablissement du culte réformé sur le territoire de l'ancienne Bourgogne.

Auxerre :

1841. La Société évangélique de France envoie à Auxerre M. Doine, évangéliste.
1844. M. Lorriaux.
1845. Un mouvement de sympathie pour la Réforme se produit dans le département de l'Yonne. Les populations des environs de Sens demandent des prédicateurs à M. le pasteur Audebez, un des secrétaires généraux de la Société évangélique.
1845-1846. De nombreuses conférences religieuses sont données dans l'Yonne. La Société évangélique place un second pasteur à Auxerre et vote l'établissement de deux écoles dans cette ville. Les deux pasteurs sont MM. Gourjon et Müller.

1848. Peu après les événements de juin, le nombre des auditeurs, dans tous les postes d'évangélisation, s'accroît subitement.

1866. Acquisition de l'église Saint-Pèlerin [1] pour le culte protestant. Le sermon d'inauguration est prêché par M. le pasteur Bersier devant une foule compacte.

1884 (oct.). M. le pasteur Aubanel.

1887. Commencement de l'activité de M. le pasteur Villéger.

1900. Annexes d'Auxerre : Avallon ; Vallan ; Gurgy ; Joigny ; Laroche.

Auxonne :

1860. Culte bi-mensuel depuis cette époque. Auxonne est une annexe de Dijon.

Avallon :

1868. Prédications de M. le pasteur Fourneau.

1869. Chapelle inaugurée le 4 avril par M. le pasteur Ed. de Pressensé.

1900. Annexe d'Auxerre.

---

[1] L'église Saint-Pèlerin, d'abord petit oratoire élevé par l'apôtre d'Auxerre au IIIe siècle, devint église paroissiale au XIIe siècle.

Beaune :

Entre 1850 et 1855. Le pasteur de Dijon, M. Pertuzon, établit un culte à Beaune. Ses successeurs MM. Vesson et Arnal en continuent la célébration. Les fidèles se réunissent dans la salle de la mairie de Beaune puis dans la salle du Tribunal de commerce jusqu'à l'achèvement du temple.

1876. Le 31 décembre, M. Paul Bouchard, ancien maire[1] de Beaune, conseiller général de la Côte-d'Or, écrit à l'évêque de Dijon pour lui déclarer qu'en présence des excès du cléricalisme, il abjurait le catholicisme pour embrasser le protestantisme.

1877. A la suite de son abjuration, M. Bouchard publie ses *Lettres d'un Bourguignon (Simple Lettre d'un Bourguignon, la Servitude volontaire, Dieu et Patrie)*.

1891. Inauguration du temple. Une plaque de marbre, placée à l'extérieur,

---

[1] Depuis, M. Paul Bouchard fut maire de la ville de Beaune de 1881 jusqu'à sa mort en 1898.

rappelle que c'est à la mémoire des deux cents familles protestantes chassées de Beaune par la Révocation de l'Edit de Nantes que ce lieu de culte a été élevé.

Belley (Ain) :

1873 (oct.). Retrait de l'autorisation de colportage à l'évangéliste et au colporteur de Belley.

1874 (mars). Aux réunions d'évangélisation, le commissaire de police se poste chaque fois à l'entrée de la salle et oblige chaque arrivant d'exhiber sa carte et de dire son nom.

1874 (mai). Inauguration, par M. Duplan, d'un culte régulier.

1900. Annexes : Culoz, Challey, Saint-Rambert-en-Bugey, Tenay.

Bourg-en-Bresse :

1848. Sous les auspices de la Société genevoise des protestants disséminés, M. Bret visite les protestants de Bourg.

1849-50. M. le pasteur Goetz les visite à son tour, ainsi que ceux de Nantua.

1853. Nouvelle tournée de M. Goetz.
1857. M. le pasteur Th. Claparède visite les protestants de Bourg, Nantua, Tenay et Belley.
1858. Seconde visite de M. Th. Claparède aux protestants de l'Ain.
1862. Sur l'initiative de M. P. Pasquet, pasteur de l'Eglise réformée de Ferney, le conseil presbytéral de cette Eglise charge le Consistoire de demander au Ministre des Cultes l'autorisation pour les protestants de célébrer leur culte régulièrement à Bourg. Cette autorisation est accordée.
1865. M. Lombard, premier pasteur en résidence à Bourg. Ses successeurs furent MM. Eynard, Bippert, Bonnal et le pasteur actuel, M. A. Chastand.
1873 (juillet). M. le pasteur Eynard entre en fonctions et le préfet supprime toute autorisation accordée précédemment aux réunions publiques d'évangélisation.
— (nov.). Refus d'autorisation à trois colporteurs bibliques.

1874 (fév.). Refus de l'estampille à une brochure protestante signalée à M. Baragnon, sous-secrétaire d'Etat à l'Intérieur, par l'*Univers*.

— (fév.). Un arrêté du préfet retire à M. le pasteur Eynard, de Bourg, l'autorisation de colportage qui lui avait été accordée pour un an, le 18 août 1873, ainsi que toutes autres autorisations de même nature dont il pourrait être porteur.

1898. Inauguration du temple.

1900. Annexes de Bourg : Ambérieu ; Montuel ; Turgon ; Pont-de-Veyle.

Chalon-sur-Saône :

1833. M. Hofmann, envoyé par la Société évangélique de Genève, résidant à Tournus, évangélise Chalon. C'est une maison de la rue aux Fèvres qui sert de premier sanctuaire aux protestants de Chalon, comme au XVIe siècle [1].

1839. Inauguration du temple.

[1] V. page 103.

1866. Chalon est admise comme Eglise dans l'Union des Eglises libres (Synode de Nîmes).
1877. L'Eglise de Chalon est remise à la Commission d'évangélisation de l'Union des Eglises libres.
1880. Chalon devient un poste d'évangélisation de la Société centrale.
1881. Annexes de Chalon : Saint-Gengoux et Buxy.
1900. Annexes de Chalon : Tournus et Uchizy.

Cluny :

1843. M. Charrat, colporteur, ayant son dépôt de livres saints à Mâcon, est envoyé à Cluny par M. le pasteur Zipperlen. Quelques années plus tard, un armurier converti invite M. le pasteur Duproix, qui avait succédé à M. Zipperlen, à tenir à Cluny des réunions régulières. M. Duproix les préside alternativement avec M. Hebmann, instituteur à Mâcon.
1890. Annexe de Donzy.

Creusot (Le) :

Culte établi par la Société évangélique de Genève et par la Société centrale.

1872. Le Creusot devient poste officiel Deux services par dimanche. Annexes du Creusot, desservies par la Société centrale :

1° Montceau-les-Mines, avec culte mensuel à Montceau, à Saint-Vallier, à Montchanin, à Epinac.

2° Digoin, avec services hebdomadaires à Digoin, et mensuels à Bourbon-les-Bains-Lancy, à Saint-Denis, à Saint-Léger, à Molinet.

1874. M. Duverne, habitant une localité aux environs du Creusot, est condamné à 16 fr. d'amende et aux dépens, pour avoir prêté à M. Samuel Vernier, pasteur du Creusot, et sans autorisation, sa maison pour la célébration d'un culte (février).

Digoin : V. Creusot (Le).

Dijon :

1829. Ouverture du culte officiel. Ministère de M. de Frontin.

1832. Concession, pour le culte protestant, de la chapelle des Etats.
1843. M. le pasteur Pertuzon.
1845. M. l'abbé Trivier, vicaire à Saint-Michel, se convertit au protestantisme.
..... Joseph Milsand (1817-1886), esthéticien et philosophe, passe au protestantisme [1].
1871. M. le pasteur P. Vesson.
1876. Commencement de l'activité de M. le pasteur Z. Arnal.
1898. Inauguration du nouveau temple.

Donzy-le-National :

1862. Ouverture du culte sous les auspices de la Société évangélique de Genève. Commencement de l'activité de M. J. Charrat.
1865. Inauguration de la chapelle.
1866. La communauté évangélique est admise comme Eglise par l'Union des Eglises libres et remise en 1881

---

[1] V. sur Milsand, la *Critique philosophique* (nouvelle série), 30 sept. 1886 (Article de M. Pillon), et la brochure intitulée *Le Catholicisme et le mal de notre époque*. Paris, Fischbacher, 1899.

à la Commission d'évangélisation de cette Union.

1900. Culte bi-hebdomadaire. Annexe : Cluny.

Frontenaud :

1866. Au Synode de Nîmes, la communauté évangélique est admise comme Eglise dans l'Union des Eglises libres et remise en 1877 à la Commission d'évangélisation de cette Union. V. Montpont.

Is-sur-Tille :

1885. M. le pasteur Arnal, de Dijon, inaugure un culte mensuel. Annexe de Dijon.

Mâcon :

1835. M. le pasteur Zipperlen, envoyé par la Société évangélique de Genève, s'établit à Mâcon.

1837. Etablissement d'une école de garçons. M. Zipperlen complète et affermit l'œuvre commencée par les colporteurs à Louhans, Sornay et Branges.

1866. Le Synode des Eglises libres admet dans l'Union l'Eglise de Mâcon.
1877. Mâcon est remise à la Commission d'évangélisation de l'Union des Eglises libres. M. A. Laügt, pasteur.
1884. M. Emile Lenoir, pasteur.
1887. M. P. Roustain.
..... M. Saint-Paul.

Montceau-les-Mines : V. Creusot (Le).

Montpont :

1842. Un premier groupe de chrétiens se réunit à Montpont, sous les auspices de la Société évangélique de Genève. Dans les années qui suivent, on fonde une école de garçons, une école de filles et on élève pour le culte un modeste édifice.
1866. Admise comme Eglise au Synode des Eglises libres.
1881. Remise à la Commission d'évangélisation de l'Union des Eglises libres.
1900. Culte hebdomadaire. Annexes : Frontenaud et Romenay.

Nantua (Ain). V. Bourg-en-Bresse.

Noyers (Yonne):

1875. Les réunions religieuses comptent un auditoire régulier de cent personnes; elles sont présidées par M. Perrenoud, évangéliste à Tonnerre, sous la direction de la Société évangélique de France.

1866. M. le pasteur Martin, de l'Eglise réformée de Troyes, accompagne Valentin, agent de la Société évangélique de France. Il donne deux conférences, l'une sur la Réforme, l'autre sur la Solution de la question sociale par le christianisme. Cf. Sarry.

Oyonnax (Ain):

1872. Station de la Société évangélique de Genève.

1900. M. Dautry, évangéliste.

Poinson (Côte-d'Or)[1]:

1877. Une salle de culte pouvant contenir 250 personnes est louée par les

---

[1] A deux lieues de Châtillon-sur-Seine.

soins de la Société évangélique de France. M. Perrenoud explique les conditions nécessaires pour faire partie d'une paroisse protestante, 18 personnes se font inscrire.

Romenay : V. Montpont.

Saint-Léger-Vauban (Yonne) :

1872. M. Ducros, évangéliste, est placé à Saint-Léger par la Société évangélique de France.

1874. Le curé fait combler, dans le cimetière, la fosse préparée pour une protestante et en fait creuser une autre dans le coin des suicidés et des criminels. Le maire refuse de faire observer la loi. Le sous-préfet, par lettre, le somme de l'exécuter, le maire refuse. Le sous-préfet se rend à Saint-Léger où l'attendaient le curé et le supérieur du couvent de la Pierre-qui-Vire. Après cette entrevue, le sous-préfet ordonne de partager en deux le coin des suicidés et d'en affecter la moitié aux protestants.

1876. Commencement de l'activité de Michel Bouillat, né de parents catholiques et originaire de Voiron (Isère).

Sarry (Yonne) :

1886. M. le pasteur Martin, de l'Eglise réformée de Troyes, donne une conférence devant 145 à 150 personnes réunies dans la salle de la mairie, gracieusement prêtée par le maire de la commune. Il rappelle aux habitants de cette localité qu'ils ont, pour la plupart, du sang de huguenots dans les veines, Sarry ayant été désigné par les commissaires royaux, après la promulgation de l'Edit de Nantes, comme lieu où les réformés pouvaient acheter un terrain afin d'y construire un temple et de s'y réunir librement. Un terrain existe encore que l'on nomme toujours *le lieu du prêche*.

Sornay (Saône-et-Loire) :

1837. L'Evangile est prêché à Sornay par les soins de la Société évangélique de Genève.

1839. Inauguration du temple. M. Charlier est le premier pasteur.
1844. Commencement de l'activité de M. Charpiot.
1845. Le conseil municipal accorde aux protestants un cimetière particulier.
1850. On construit un presbytère avec école de filles.
1854. Persécution religieuse suscitée par les prêtres. Les réunions sont interdites à Sornay, Branges, Montpont, Bruailles et Frontenaud. Quatre évangélistes refusant de payer l'amende, sont écroués à la maison d'arrêt de Louhans.
1866. Le Synode des Eglises libres reçoit Sornay comme Eglise rattachée à l'Union.
1881. Sornay devient un poste de la Commission d'évangélisation de l'Union des Eglises libres.
1900. Culte hebdomadaire.

Tournus :

1833. M. le pasteur Hofman, envoyé par la Société évangélique de Genève, s'établit à Tournus. Parmi les premiers convertis se distingue un modeste fabricant de peignes, nommé Pirat. Comme il s'efforce aussitôt de répandre autour de lui les vérités évangéliques, les premiers chrétiens fidèles sont appelés par dérision « piratiens ». Peu de temps après, M. Hofman s'établit à Chalon-sur-Saône et M. Achard le remplace à Tournus.

1866. Le Synode des Eglises libres reçoit Tournus comme Eglise rattachée à l'Union.

1881. Tournus devient une station de la Commission d'évangélisation des Eglises libres, et passe, peu de temps après, à la Société centrale. Elle devient annexe de Chalon.

1900. Culte bi-mensuel.

Uchizy :

1900. Annexe de Chalon. Réunion mensuelle dans une chambre, chez d'anciens prosélytes.

INDEX

(LES APPENDICES NE FIGURENT PAS DANS CET INDEX)

Abjurations, 51, 97, 193, 200.
Abord, 12, 129 n., 143 n.
Abraham ou Abraam, 36.
Ahn, 62.
Aiboud, 190.
Alamartine, 140.
Alloing, 176.
Amanzé, 209.
Ambert (P.-de-D.), 205.
Amboise (Paix d'), 27, 148, 169.
Amyraut, 88.
Anciens : Ainard, 127 ; A-mar, 127 ; Armet (T.), 151 ; Baillot (J.), 53 ; Bouvot (J.), 33 ; Bouvot (Th.), 120 ; Brocard (A), 38 ; Bryois, 53 ; Carlot, 140 ; Catherine (Cl.), 33 ; Chandéon (A. de), 92 ; Châtelain, 53 ; Collin, 53 ; Coquerou, 83 ; Corne (de la), 49 ; Coulon (F.), 110 ; Doisy, 96 ; Du Noyer (N.), 139 ; Durand (P.), 49 ; Férault de Crescence, 131 ; Fontariol, 127 ; Fougeon, 130 ; Frasans (de), 26 ; Garnier (A.), 75 ; Géliot (Cl), 49 ; Girard (J.), 110 n. ; Godenet, 138 ; Granier, 33 ; Gravier, 140 ; Guyot (J), 35 ; Hyvernat, 208 ; Janthial (S.), 111 ; Jaucourt (J. de), 87 ; Joly, 53 ; Lalouet (J.), 49 ; La Nocle (de), 130 ; Laroque, 53 ; Le Sage (Ph.), 151 ; Loriol P. de), 185 ; Lort (L. de), 75 ; Lucet de la Fayolle, 53 ; Mars (A. de), 127, 195 ; Martinet (S. de), 49 ; Morelet, 140 , Mutin, 83 ; Pernet, 53 ; Perreau (Ch.), 151 ; Perreau (J.), 139 ; Pierre (D.), 92 ; Plantamour (Ph.), 110 ; Porcelet (Isaac), 49 ; Puy (L. du), 185 ; Rey, 208 ; Riguet, 53 ; Robert, 53 ; Roi (J.), 72 ; Roi (S.), 139 ; Truchis (A. de), 184 ; Veyrieux, 53 ; Vigot, 127 ; Viridet (J.), 123.
Andelot (d'), 185.
Andozille (P. d'), 143.

Anjou (duc d'), 113.
Angleterre, 37, 69, 88, 97, 117, 153.
Angoumois, 25.
Annonay, 33.
Anvers, 99.
Apestigny, 176.
Arambourg, 202.
Arande (Michel d'), 142, 161.
Arbelot, 190.
Arcelin, 140.
Armet, 120, 154.
Arnay-le-Duc, 70 s.
Arnel, 155.
Arrêts du Conseil, 108, 109 n., 110, 150, 152, 196.
Ars (d'), 176.
Arthoy (d'), 120.
Assier, 52.
Aubert (H.-V.), 165.
Aubigné (Anne d'), 153.
(Nathan d'), 153.
Auguste (électeur de Saxe), 97.
Ausson (d'), 87.
Aumale (Cl. II. d'), 26 n.
Autun, 142 s.
Auvergne, 126, 205.
Auxerre, 95.
Auxonne, 37, 93, 94.
Avallon, 84 s.
Auzière, 196 n., 204 n.
Baduel, 58.
Bagalier, 202.
Bâgé, 189.
Baillon, 124.
Bailly, 210.

Bapierre, 202.
Bardin (Noël), 144.
Barière, 202.
Baronnat, 190.
Bar-sur-Seine, 96.
Basin, 52.
Bastille (la), 120.
Bataillard, 202.
Beaujeu, 207.
Beaujolais, 159.
Beaune, 55 s.
Belin (N.), 56, 67.
Belin (J.), 67.
Belleville, 132 s.
Bellot, 95, 140.
Bellujon (de), 210.
Benoist, 36.
Berchard, 202.
Bergier, 96, 176, 190.
Bernard, 41 s., 96, 176, 190.
Bernard (Diane), 74.
Bernard (P.), 74.
Berlin, 87, 96, 188.
Berne, 134.
Bernier, 39, 82.
Berthelier, 202.
Berthier, 91.
Bertrand, 42.
Bétant, 57.
Bèze (Th. de), 57, 94, 171.
Bidault, 42.
Billard, 210.
Billaud, 155.
Billiot, 176, 190.
Biron, 193.
Bissac, 92.
Bitrys ou Byatrys, 42.

Blanc, 176.
Blancey, 150.
Blandin, 121.
Bleuvet ou Blevet, 83.
Bligny-les-Beaune, 83.
Bligny-sur-Ouche, 58, 69.
Bliny, 83.
Blois, 113.
Blondeau, 155.
Bochart, 67.
Boileau, 92.
Bois-le-Duc, 149.
Boissi de Pardaillan, 182.
Boissy de Loriol, 187 s.
Boit, 176.
Bolin, 67.
Bollot, 92, 140.
Bontemps, 79.
Bouchard, 67 s., 190.
Bouchard (B.), 67.
Bouchard (Paul), 10.
Bouchin, 42, 57.
Bouchu, 60. 85, 122, 196.
Bouillon, 124.
Boullard, 190.
Bourberin, 42.
Bourbon-Lancy, 129 s.
Bourbonnais, 129, 131 n.
Bourdier, 190.
Bourg, 164, 179 s.
Bourg-Argental, 208.
Bourgeois, 176.
Bouton-Chamilly, 210.
Bouverot, 202.
Bouvet, 176.
Bouvot (Jeanne), 42, 119.
Bouvot (Job), 33, 106, 119.

Bouvot (L.), 108, 119.
Bouze, 39, 58.
Brandebourg, 200.
Braillon, 91.
Brazé ou *Brazey*, v. Jaucourt.
Brésil, 123, 134.
Bresse, 159, 179, 192.
Bretagne (J.), 144, 146 s.
Bretagne (P.), 150.
Bretelle, 190.
Brignard, 76.
Brizard, 76.
Brocard, 32, 81.
Brosses (de), 190.
Brossette, 176.
Brunet, 176.
Brunon, 121.
Bruix, Bruy ou Broyes, 140, 154.
Brusson, 121.
Bruyère, 176.
Buffet, 30, 42, 171, 176.
Bugey, 159, 187.
Bugney, 60.
Buhenc (de), 190.
Buisson, 187 n.
Buncey (Côte-d'Or), 96.
Burré, 24.
Bussières, 175.
Buxy, 137 s.
Caillat, 157.
Calvin, 44, 187. 200.
Camp (de), 124.
Canne, 176.
Caradreux (de), 155.
Carlo, 120.

Carmes, 26, 30, 171.
Carroge (du), 135.
Carteret, 51 s.
Castalion ou Castellion, 187.
Cateau-Cambrésis, 180 *n*.
Cavalier, 175.
Céligny, 8, 155.
Chabote, 132.
Chabot-Charny, 28, 114.
Chagny, 189.
Chalon-sur-Saône, 102 *s*.
Chambard, 190.
Champagne, 190.
Chandieu, 132, 135.
Chapelle (de la), 190.
Charbonnier, 190.
Charbonnier (Nicolas), 143.
Charé-Conduit, 108.
Charité-sur-Loire (La), 70, 134.
Charles IX, 29, 70, 97, 148.
Charles-Emmanuel, duc de Savoie, 193 n.
Charlieu, 208.
Charlot, 202.
Charmes (D. de), 95.
Charolais, 124.
Charreton, 135.
Château-Chinon, 96.
Châtellerault (ass. de), 34, 154.
Châtillon-les-Dombes, 189.
Châtillon-sur-Loing, 96.
Châtillon-sur-Seine, 78 *s*.
Châtillon (Odet de), 185 ; v. Coligny et Andelot (d').
Chaville (de), 155.

Chenoux, 176.
Chevalier, 196.
Chevrier (Edmond), 159.
Chintré, 176.
Chirat, 101 *n*.
Chossat, 190.
Chouet (Robert), 79 n.
Choureau, 190.
Cimetières prot., 28, 82.
Claparède (Claude), 206.
Claparède (Th.), 7 s., 13, 109 n., 152 n , 154 n., 180 n.
Clavel, 202.
Clèves (Henriette de), 170.
Clugny (Guill. de), 71, 152.
Cluny, 137 s.
Cluny (abbé de), 138.
Cochet, 190.
Coin de Chevilé, 124.
Coligny (G. de), amiral, 29, 37, 70 n.
Colet, 79.
Colinet, 69.
Collèges prot., 48, 122, 139, 151, 183, 195.
Collenas, 89.
Collin, 42, 120.
Colloques, 21, 101, 159.
Colom (Colomb), 79, 120.
Colombière (la), 153.
Commissaires pour l'exécution des édits, 88, 196.
Compaigne, 190.
Conciergerie de Dijon, 118.
Condé (prince de), 37, 107.
Conseil du Roi (V. *Arrêts*)

INDEX

Conseil de **Ville**, 103 n.
Consistoires, 49, 50.
Coppelet, 210.
Coquerou, 83.
Coret, 42.
Cormeuil, 79.
Cormoranche, 189.
Corn (de), 202.
Cornaton (P. de), 185.
Cornaux, 164, 165.
Cornon (Jean), 163.
Cornier (Erasme), 200.
Corrobert, 188.
Corsant (de), 190.
Cossé-Brissac, 70 n.
Cotereau (N.), 144.
Couches, 80 *n*., 151 *s*., 195.
Coudray, 93.
Coulon (Jean), 88.
Courtépée, 89 n., 108 n., 157 n., 174 n.
Courtois, 83.
Cravant, 96.
Crespin, 176.
Cresson, 210.
Crestin (C.), 105.
Crochet, 140.
Croizier (Th.), 181.
Cruzilles, 188.
Cusin, 155.
Dablan (J.), 104.
Dagalier, 176, 202.
Dagoneau (Jean), 137, (Olivier), 165, (Toussaint), 170.
Dalande, 210.
Danemark, 97.
Dariot, **210**.

Darse (L.), 104.
Dauphin, 176.
Davanture, 140.
Declaux ou de Claux, 124.
Déga, 140.
De la Fontaine, 202.
Delagrange, 140.
Delor, 76.
Denys, 140.
Députés prot., 33.
Desbordes, 42.
Descousu, 111.
Destamples, 149.
Diacres, 74.
Dathin, 91.
Diénay, 46.
Digoin (baron de), 57.
Digoine, 188.
Dijon (Egl. de), 21 s., (bailliage de), 38, 49, 81.
Dinet. 172.
Disdier de la Grand'Maison, 210.
Dispute de religion, 172.
Dolé ou Dollé, 69.
Dolon de la Goupillère, 210.
Doigs, 89.
Dombes (principauté de), 180.
Donis, 60.
Doriol, 56.
Drée (de), 42, 140, 176.
Drouart, 120.
Druet, 210.
Duban, 155.
Du Bartas, 114.
Dubois, 190.

Ducot, 190.
Duesme, 120.
Dufoin, 75, 120.
Du Four, 211.
Du Gravier, 33.
Duhan, cordelier, 78, 85.
Dumais, 157.
Dumont, 140, 202.
Dumont (Etienne), 176.
Dunoyer ou Du Noyer, 139.
Dupalais, 190.
Duplessis-Mornay, 87, 98.
Duplessis-Mornay (Mme), 99.
Dupuy-Montbrun, 103.
Duquesne, 186.
Durand, 42.
Duret, 189, 190.
Du Rousseau, 25.
Echevins prot., 167.
Edit de janvier, 146, 167.
Eglise française de Burg en Prusse, 119.
Eglise de Saint-Jean de la Grotte (Autun), 142.
Emigration, 50, 209.
Emmanuel-Philibert, duc de Savoie, 180.
Enlèvements d'enfants, 42, 50, 117, 197.
Enterrements, 197.
Entragues (d'), 133.
Entremont (Jacqueline d'), 185.
Erasme, 161, 212.
Ermet (J.), 155.
Estergou, 211.
Etats-Généraux, *Orléans*,
145; *Pontoise*, 147; Pays-Bas, 90.
Eude, 96.
Exercices de fief, 130, 209.
Expulsions, 35, 45, 152.
Fanions, 124.
Farcy, 202.
Fassion (de), 140.
Faure, 155, 191, 202, 207.
Favon (Etienne), 208.
Fayot, 42.
Fazy, 140.
Félice (de), 77 n., 141 n., 188 n.
Ferrand, intendant, 210.
Ferrière (de), 211.
Feuillot, 140.
Fevrassière (comtes de), 202.
Fèvre, 42, 52.
Fillioux, prieur fiscal, 138.
Fleix (traité de), 112.
Floriet, 69.
Foissiat, 190.
Forey (Jacob), 193.
Forez, 205, 208.
Forneret (Claude), 65.
Fournier, 69, 121, 138, 140.
Franche-Comté, 211.
François Ier, 180 n.
Frère, 202.
Froment, 162.
Gacherie (de la), 190.
Gaffarel, 134 n.
Gai, 190.
Galères (Condamnation aux), 97.
Gallars (des), 25.
Galloux (de), 124.

INDEX

Garde (de la), 202.
Garnier, 138.
Gaucher (Nicolas), 144 n.
Gautier, 121, 191.
Genève (Vén. Compagnie de), 67, 71, 75, 81, 91, 93, 95, 105, 156, 165, 189 ; (Réfugiés à), 38, 52, 93, 94, 118, 140.
Genevois, 71.
Gerland, 188.
Gex (pays de), 16 s., 60, 109.
Girard, 120, 191.
Girard, maire d'*Auxonne*, 37 s., 94.
Girardot, 96 ; *Id*. (Jean), 97.
Givord, 202.
Givry (Saône-et-Loire), 157.
Goberon, 176.
Gollier, 190.
Gondaud, 69.
Gonzague (Louis de), 170.
Got, 110 n.
Goujon (Jean), 150.
Goyon, 190.
Grange (de la), 155.
Gravier, 124.
Grenet (Gilbert), 127.
Grevilly (Saône-et-Loire), 157.
Grigny (G. de), 145.
Grumel, 211.
Guerre, 190.
Guerres civiles, 30, 59, 103, 168, 169.
Guérin de Cabrayrolles, 189.
Guichard, 173, 176, 190.

Guiche (Philibert de la), 170.
Guichenon (Sam.), 200.
Guide (Daniel), 116 ; (Philibert), 112 ; (Philippe), 116.
Guillaume, 121.
Guillermé, 133.
Guillot, 153 n.
Guillermin, 190.
Guise (Cl. de), abbé de Cluny, 138.
Guyot, 35, 190.
Haag (MM.), 7, 14, 113.
Harlay, 199.
Hauser, 126, 206.
Henri II, 192.
Henri III, 30, 59, 113.
Henri IV, 31, 59, 70 n., 113.
Hollande, 41, 89, 186.
Hôpital de Saint-Ignace, 197.
Huc, 36.
Humbert, 38 s.
Humblot, minime, 172.
Hurault (Robert), 145.
Hurigny (Saône-et-Loire), 173.
Industrie, 50, 62, 120, 123, 199.
Inquisition, 180.
Interdiction du culte, 60, 107, 122, 195.
Isle (Louis de l'), sieur d'Olon et de Conforgien, 88.
Is-sur-Tille, 44 s.
Jarri, 199.
Jaucourt (famille de), 76 ; Jacques, 79 ; Marthe, 88 ; Philippe, 87.

Jayet, 124.
Jeannin, 29.
Jésuites, 32, 89, 106, 194.
Job, 205.
Joigny (Yonne), 95.
Joux (de), 211.
La Baille, 124.
La Barre, 149.
La Brosse, 173.
La Bussière, 143.
La Chaumette (D. de), 126.
La Corne (Jacq.), 56.
La Coupée, 173.
Lacroix, 190 ; *Id.*, médecin, 117.
La Croix (de), 118, 135 ; (Françoise) ; v. Enlèvem. d'enf.
Ladone (Lazare), 149.
Lafin (de) ou La Fin (de), 129, 211.
La Forêt-sur-Sèvre, 87.
Lagier, 206 n.
La Gravière, 190.
Lalemant (Jean), 146, 148.
Laloé (S), 24.
Lamante, 140.
Lamarche, 190.
La Margelle (Côte-d'Or), 134.
Lambert (Cl.), 104.
Lamothe-sur-Dheune, 58, 154.
Lamy, 202.
Lanan, 190.
Langres, 30.
Languet (G.), 97 ; **(Hubert)**, 97 s.

Lanisé, 43.
Lannes, 176.
La Nocle (château de), 130.
Laplace, 190.
La Serré, 140.
Laurent, 190.
Lausanne (Réfugiés à), 74, 95.
Lebé, 190.
Le Blanc (Rob.), 56.
Lebret, 190.
Le Fèvre, orfèvre à Paris, 97.
Le Fèvre (Isaac), 97.
Legros, 190.
Leguat (François), 186.
Lémonon, 202.
Leroy, 93.
Le Sage (François), 153 ; (Georges-Louis I), 152 s. ; (Georges-Louis II), 153.
Lesdiguières, 193.
Le Seurre, 92.
Lespinasse (de), 176.
Liberté de conscience, 98.
Ligue, V. Guerres civiles.
Lisle (de), 92.
Loches, 88.
Longjumeau (paix de), 27.
Lor (de), 176.
Loriol (de), 58, 202.
Loron du Tarot, 211.
Lorraine (Ch., cardinal de), 138.
Louhans, (Eglise de), 156.
Louis XIII, 183.

Lourdon, (château de), 139.
Loyse (de), 176.
Lubert (Denis), procureur du roi, 103.
Lurbigny, 71 n.
Luthéranisme, 162.
Lyon, (Eglise de), 17, 76 n., 83; (Traité de), 182, 193 n.
Lyonnais, 159.
Machureau (Josias), 117.
Mâcon, 161 s., 198, 200, 201.
Mâconnais, 132, 142, 154.
Magnen, 176.
Magnin, 54 n., 140.
Mailly-la-Ville, 70.
Maisonneuve, 190.
Maistre, 140.
Maître d'école, 105.
Maligny (de), 167.
Mantelier, 190, 202.
Marcilly (P. de), 146.
Maréchal, 176.
Marguerite de France, 180.
Margueron, 56.
Marin (de), 140.
Maringues, 126 s.
Marlet (Fr. le), 31.
Marre (Paul), 91 n., 95 n.
Mars (de), 176.
Martin, 43.
Martyrs, 23 s., 45, 163, 164, 181.
Masson, 23, 211.
Massot (Jacques), 68; (Jean), 68; (Pierre), 68.
Maubert (Place), 163.
Mauneray, 89.

Maunin, 79.
Mayenne (Ch. de Lorr., duc de), 112, 113.
Médicis (Cath. de), 98.
Mélanchthon, 97.
Metz, 30, 172.
Meyssonnier, 176.
Michelet, 157, 202.
Minard (Andoche), 144.
Minimes, 172.
Miribel (Mirebeau), 95.
Moissonnier, 176.
Mole de Thiéry, (de la), 76.
Moncler, 140.
Monginet, 190.
Montbéliard, 40, 200.
Montégut, 124 n.
Montholon (Nic. de), 146.
Montréal en Auxerrois, 95.
Moreau (Pierre), 123.
Morel, 211.
Morelet, 42, 119.
Morges, 123.
Morvilliers (Jean de), 98.
Moulins, 131 s.
Moyroux, 135.
Mystiques du Moyen-Age, 161.
Nadal, 135.
Naef, 7 s., 91 n., 101 **n.**
Navetier, 56.
Nemours (traité de), 30.
Nevers (duc de), V. Gonzague.
Nevers, 131, 134.
Newton, 153.
Noire, 79.

Noblesse prot., 18.
Normandie (de), 190.
Noyers, 86, 91 s.
Nui, 75.
Nuits (Eglise de), 93 s.
Olon, 88.
Orange (princesse d'), 89.
Orléanais et Berry (province ecclés. d') 101 *n*.
Pailhat, 128 *n.*, 205 *s*.
Paillard, 43.
Paluat, 190.
Paray-le-Monial, 122 s.
Paris, 37.
Parlement de Dijon, 58, 104, 108, 117, 167, 172.
Pascal, 150 n.
Passin, 202.
Pasteurs : Alizet, 189 ; Auban, 46 ; Blanc (Jacob), 87, 90, 92 ; Blevet (Urbain), 53, 66 ; Blevet (puiné), 191 ; Bollenat (Jean-Louis), 74, 89, 92 ; Bollenat (Pierre), 74, 84, 89 ; Bolot ou Bollot (Pierre), 91, 92, 166, 177 ; Bolot, 141 ; Bonnet (A.), 163 ; Bons (A. de), 121 ; Bouquin, 177 ; Bourgoin (F.), 131 ; Bourrée (J.), 80 ; Brail, 136 ; Brunes (Jean de), 76 ; Bruyes ou Bruy (G.), 76, 141, 155 ; Buffet (F.), 30 ; Caille, 66 ; Camus (A.), 162, 171 ; Canet (P.), 101 n. ; Carrouge (S. de), 66, 80 ; Casenave (B.), 79 ;

Cassegrain, 43, 94, 172, 202 ; Chabottes (V. Chandieu) ; Chandieu, 43, 132, 135 ; Chesneau (R.), 128 ; Ciprian, 45 s. ; Choudens (A. de), 66, 136, 204 ; Colinet (P.), 122, 125 ; Compérat (J.), 92 ; Connin, 66, 135, 141, 207 ; Coste (L. de la), 33, 43. 82, 177 ; Coudrée (J. de la), 155 ; Couët (J.), 84, 89 ; Courtois, 83, 125 ; Croizier, 181, 191 ; Dancan, 105 ; De Lorme ou Delorme 135, 203 ; Desmaiseaux, 206 ; Després, 156 ; Dives ou Divès, 121 ; Dizerot, 46, 53 ; Dufresne, 206 ; Dumoulin (V. Camus) ; Du Noyer ou Dunoyer (H.), 141 ; (Michel), 66, 141 ; Du Perril ou Dupré ou Duprey, 102, 121 ; Dupuis, 209 ; Durand (J.), 48 s. ; Durzy, 96 ; Flavard (L.), 132, 135 ; Foissiac, 203 ; Forneret (J.), 66 ; Forneret (Ph.), 65 n. ; Galland, 125, 136 ; Gassin (R.), 166 ; Gaussen (J.), 52, 53 ; Gauthier (Pr.), 49, 54, 95 ; Gautier (Et.), 43 ; Gautier (Noé), 80 ; Gravier (B.), 125 ; Gravier (H.), 164 ; Gravier (J.), 78, 80 ; Grené (Ph.), 102, 121 ; Grenet, 191 ; Grillet,

53; Guilleteau (F.), 102, 121; Guionnet (G.), 43, 54, 80, 203; Héliot (G.), 61, 66, 121; Héliot (P.), 66, 72, 76, 178; Herbinot, 92, 155; Jaimot (P.), 136; Jourdan (Et.), 77, 87, 90; Jurieu, 101 n.; La Chaumette (de). 128; La Motte, 121; Laplanche, 94; La Roche (A.), dit Boulier, 83; Laurent (J.). 206; Le Blanc(A.), 66, 121; Le Boiteux, 135, 141; Le Faucheur (M.), 33; Le Faucheux, 209; Legelé (Noël), 128; Leroy (P.), 26, 42; Léry (Jean de), 132, 135; Lignol (M.), 65; Malot (J.), 96; Manget (F.), 76; Marcombes (Jacob), 204; Marcombes (Jean), 43, 203; Margonne, 43, 89, 92; Massin, 205; Masson (P.), 23; Maupéau, 45, 53; Mauvin (J.), 76; Merlin, 96; Micheli, 156; Mondon de Jussieu, 177; Montsanglard, 77 n.; Morel (G.), 23; Mulot (Jean). 65; Ollier, 207; Olympe, 182, 191; Papillon ou Popillon, 102, 121; Pasquier, 166, 177; Paray (de), voir Papillon; Pélery, 47, 57; Pelet (P.) ou Pellet, 135, 191; Perrault (Ch.), 66, 125; Perreau (F.) ou Perreaud, 135, 141, 174; Perreault (Eléazar), 53; Pierre (J.), 71, 76; Pinault (Melch.), 76, 156; Piquet ou Picquet, 141, 177; Poteau, 94; Quinson, 156; Regnaud (F.) de Mépillat, 66, 177, 203; Rey (César), 110 n., 151, 156; Reymond (J.), 166, 177; Riboudeau (J.), 118; Riboudeau(Ph.), 66, 77; Ricard, 141; Roch (P.), 204; Rochemont, 155; Roi, 82; Rondot (S.), 80; Rosier, 75; Rouph (Alex.), 191; Rouph (L.), 128; Roy, 207; Sarret (D.), 135; Saumaise (J. de), 135; Sauvage, 206; Soltre ou Solte (J.), 166; Tauvol(P.), 128, 136, 203, 206; Terrasson (J.), 73; Textor (J.), 136, 155, 191, 203; Textor fils, 128; Tiran (S.), 55; Uchard (S.), 174, 178; Vériet (J.), 155; Viridet, 125.

Pateau, 190.
Pelletier, 176.
Pelletier de Monceaux, 92.
Pensée (de la), 190.
Pensions forcées, 75.
Perrault (Jean), manutacturier en soie, 120.
Perriers (Bonaventure des), 73.

Perrot, 155.
Perrigny-en-Bresse. 108.
Perrin, 190.
Perrinet, 190.
Petit (Jacob), 140 ; (Jean-Philippe), 140.
Petit-Senn, 140.
Pierre-Encize, 42.
Pingaud, 148 n., 168 n.
Plantamour, 177.
Plenor, 83.
Poin, 116.
Poinsard, 190.
Pompadour (marquis de), 126.
Poncet, 75, 190.
Pontcenac, 168.
Pont-de-Vaux, 132 s., 199.
Pont-de-Veyle, 139, 172, 192 s.
Promeray, 79.
Rabuel, 190, 202.
Raol, 189.
Ravel, 79.
Refuge, V. Genève, Lausanne, Hollande, etc.
Regnaud de Colan, 202.
Regnaud de Mépillat, 202.
Regnier, 56.
Repey, 202.
Révocation de l'Edit de Nantes, 50, 61 s., 111, 120.
Rey, 140.
Rey de Morande, 76, 140.
Reymond, 202.
Reyssouze, 192 s.
Riboudeau (L.), 118.
Richelieu, 122.

Rivet, 202.
Rochechouart, 126.
Rochemont, 154.
Rochemont (Fr. de), père, 154.
Rolet, 177.
Rosset, 177.
Rougenot, 43.
Rousset, 140.
Rouvray, V. de Jaucourt.
Roux, 89.
Royaume (Sam.), 83 n.
Russin, 76.
St-André-le-Bouchoux (Ain), 188.
St-Barthélemy, 28, 37, 98, 114, 138, 170, 186.
St-Cyr, 189.
St-Etienne-en-Forez, 205, 208.
St-Germain (traité de) 27, 68, 98.
St-Jean-Baptiste (confrérie de), 147.
St-Jean-de-Losne, 81 s.
St-Jean-sur-Veyle, 186.
Saint-Léger (Jean de), 115.
Saint-Martin-de-Commune, 153.
St-Martin-du-Fresne, 187.
Saintonge, 88.
Saint-Point (marquis de), 169.
Salins (Guy de), 129 ; (Magdel. de), 129.
Salornay, 141.
Saluces (marquisat de), 193 n.

Salvert, 60.
Sancerre, 134.
Sarry, 92 n.
Saulieu, 93, 146, 155 n.
Saulon, 31.
Saulx (Gasp. de), v. Tavannes. (Guillaume de), v. Villefrancon.
Saumaise (Bénigne), 39 s.; (Claude), 39 s.; (Louis), 68.
Saumur (Assemblée de), 34.
Savigny, 58.
Savoie (duc de), v. Emmanuel-Philibert.
Segaud, 69.
Segniard, 35.
Semur-en-Auxois, 40, 96.
Semur-en-Brionnais, 209.
Senebier, 153 n.
Sens, 95.
Serrée (de la), 177.
Seurre, 81, 83.
Soillot (J.), 26.
Suisse (réfugiés en), 50, 123.
Sève, 190.
Sylvestre, 24.
Synodes : S. N. : *Alais*, 72, 85, 139, 174; *Alençon*, 101, 111, 139; *Castres*, 85, 127, 185; *Charenton*, 72, 85, 127, 151; *Figeac*, 85; *Gap*, 33, 101, 119, 122; *Jergeau*, 38, 122; *La Rochelle*, 33, 87; *Loudun*, 151, 195; *Privas*, 119, 139; *Saint-Maixent*, 79, 122; *Tonneins*, 48, 72, 87, 122;

Vitré, 33. — S. Pr. : *Beaune*, 60; *Buxy*, 128 n., 191 n.; *Chalon*, 59; *Couches*, 151; *Is-sur-Tille*, 48 s., 59, 110; *Sergy*, 118; *Vaux-Jaucourt*, 85.
Tailly, 39, 58.
Tannière, 96.
Tavannes, 26, 28, 94, 98, 103, 148, 168, 192.
Temples : *Beaune*, 61; *Bourg*, 183; *Cruzilles*, 188; *Chalon*, 106, 107; *Couches*, 61; *Givry*, 157 n.; *Gorrevod*, 199; *La Barre*, 150; *La Coupée*, 173, 198; *Paray-le-M.*, 61, 122; *Pont-de-Veyle*, 193, 197; *Reyssouze*, 182; *Sergy*, 190 n.; *Tournus*, 188; *Vaux-Jaucourt*, 61, 86; *Volnay*, 65.
Texte, 153 n.
Tournus, 157, 162, 168, 188
Traves (de), 29.
Treuil (du), 43.
Turquie, 133.
Uchard, 124.
Ursulines, 75.
Vandœuvres, 83.
Vantoux, 31.
Varennes (régiment de), 119.
Vassy (massacre de), 148.
Vaud (pays de), 67, 68.
Vaudois du Piémont, 180.
Vault de Lugny (Le), v. Vaux-Jaucourt.
Vaux-Jaucourt, 84 s.

Verdun-sur-le-Doubs (Saône-et-Loire), 108, 157.
Vériet (Jean), 145.
Vernot, 79.
Vez, 202.
Vézelay, 40, 84 *n*, 96.
Vichy, 209.
Viennot, 79.
Vieux, 124.
Villarnoul, v. Jaucourt.
Villars, 153.
Villefrancon, 148.
Villegagnon, 134.
Villeminot, 116.
Vin (Jean), 104.

Vinet, 202.
Viridet, 102 s.
Virot, 39 s., 69.
Vitteaux, 97.
Vivarais, 177 *n*., 208 *n*.
Viviers, 209.
Volnay, 59 s.
Vosne, 32, 66.
Voyageurs prot., 123, 186.
Vulquin, 79.
Wechel, 98.
Weiss, 205 n.
Ythier, 46.
Zurich, 73, 175, 201.
Zwingli, 161.

TABLE DES MATIÈRES

Préface : F. Naef.. 7
Indications bibliographiques 11
Introduction 13

I. — Colloque de Dijon

1° Eglise de Dijon.
  § 1. Historique......................... 21
  § 2. Familles appartenant à cette Eglise 3
  § 3. Liste des pasteurs 43

2° Eglise d'Is-sur-Tille.
  § 1. Historique......................... 44
  § 2. Familles appartenant à cette Eglise 51
  § 3. Liste des pasteurs................. 53

3° Eglise de Beaune.
  § 1. Historique......................... 55
  § 2. Liste des pasteurs 65
  § 3. Familles appartenant à cette Eglise 67

4° Eglise d'Arnay-le-Duc.
  § 1. Historique......................... 70
  § 2. Familles appartenant à cette Eglise 73
  § 3. Liste des pasteurs 76

5° *Eglise de Châtillon-sur-Seine.*
 § 1. Historique... 78
 § 2. Familles appartenant à cette Eglise 78
 § 3. Liste des pasteurs 79

6° *Eglise de Saint-Jean-de-Losne.*
 § 1. Historique et pasteurs............ 81
 § 2. Familles appartenant à cette Eglise 82

7° *Eglise d'Avallon et Vaux-Jaucourt.*
 § 1. Historique....................... 84
 § 2. Familles appartenant à cette Eglise 87
 § 3. Liste des pasteurs............... 89

8° *Eglise de Noyers.*
 § 1. Historique....................... 91
 § 2. Liste des pasteurs............... 92
 § 3 Familles appartenant à cette Eglise 92
Eglises filiales ou groupes de protestants
 se rattachant au Colloque de Dijon..... 93

II. — Colloque de Chalon

1° *Eglise de Chalon.*
 § 1. Historique..... 102
 § 2. Familles appartenant à cette Eglise 111
 § 3. Liste des pasteurs 121

2° *Eglise de Paray-le-Monial.*
 § 1. Historique........... 122
 § 2. Familles appartenant à cette Eglise 123
 § 3. Liste des pasteurs............... 125

TABLE DES MATIÈRES

3° Eglise de Maringues.

§ 1. Historique........................	126
§ 2. Familles appartenant à cette Eglise	127
§ 3. Liste des pasteurs.	127

4° Eglise de Bourbon.

§ 1. Historique........................	129
§ 2. Noms de quelques familles appartenant à cette Eglise..............	129
§ 3. Liste des pasteurs..........	130

5° Eglise de Moulins.

Historique	131

6° Eglise de Pont-de-Vaux et Belleville.

§ 1. Historique......................	132
§ 2. Familles appartenant à cette Eglise	134
§ 3. Liste des pasteurs................	135

7° Eglise de Buxy et Cluny.

§ 1. Historique........................	137
§ 2. Familles appartenant à cette Eglise	140
§ 3. Liste des pasteurs................	141

8° Eglise d'Autun et Couches.

§ 1. Historique........................	142
§ 2. Familles appartenant à cette Eglise	152
§ 3. Liste des pasteurs................	155
Eglises filiales ou groupes de protestants se rattachant au Colloque de Chalon.......................	156

III. — Colloque de Lyon

Observations générales	159
1° Eglise de Mâcon.	
§ 1. Historique	161
§ 2. Familles appartenant à cette Eglise	176
§ 3. Liste des pasteurs	177
2° Eglise de Bourg.	
§ 1. Historique	179
§ 2. Familles appartenant à cette Eglise	185
§ 3. Liste des pasteurs	191
3° Eglise de Pont-de-Veyle et Reyssouze.	
§ 1. Historique	192
§ 2. Familles appartenant à cette Eglise	199
§ 3. Liste des pasteurs	202
4° Eglise de Pailhat.	
§ 1. Historique	205
§ 2. Liste des pasteurs	206
5° Eglise de Beaujeu.	
§ 1. Historique et liste des pasteurs	207
§ 2. Familles appartenant à cette Eglise	207
Eglises du Forez et du Bourbonnais se rattachant au Colloque de Lyon	208
Emigration. — Familles protestantes appartenant à la province de Bourgogne, sans désignation d'origine plus précise	209
Franche-Comté	211

TABLE DES MATIÈRES 257

APPENDICES 213
I. Liste des réfugiés de Bourgogne admis à la bourgeoisie de Genève depuis 1539....................... 213
II. Dates des principaux événements relatifs au rétablissement du culte réformé sur le territoire de l'ancienne Bourgogne............... 223

INDEX 239

CARTE..................... A la fin du Volume.

ALENÇON. — IMP. VEUVE FÉLIX GUY ET Cie

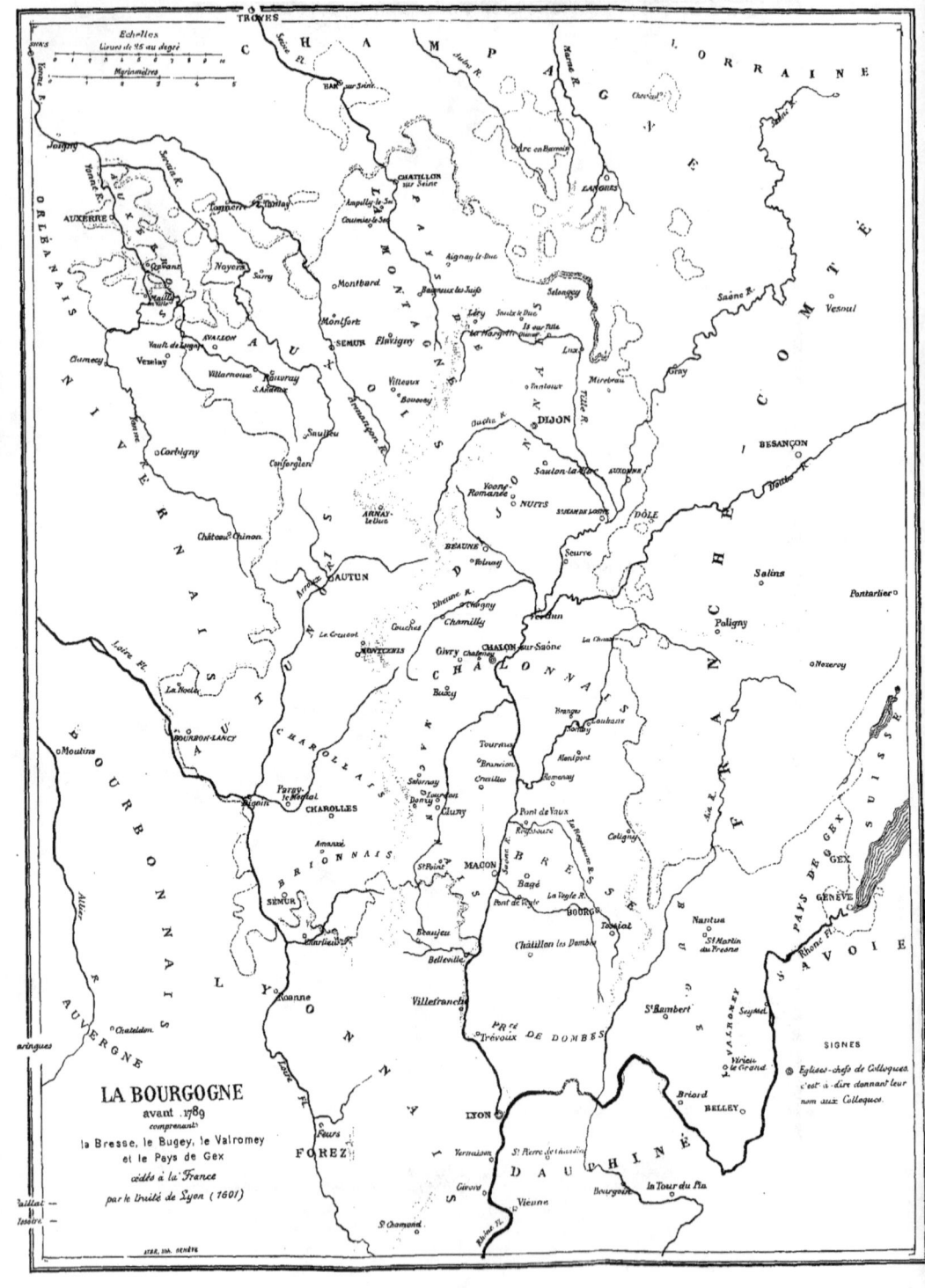

LIBRAIRIE FISCHBACHER, 33, RUE DE SEINE, PARIS

EN VENTE :

THÉODORE DE BÈZE. Histoire ecclésiastique des Églises réformées au royaume de France. Nouvelle édition avec notes et commentaires, notice bibliographique et table des faits et des noms propres, par G. BAUM et ED. CUNITZ; introduction par RODOLPHE REUSS, 3 forts volumes in-4°.. 60 fr.

Les grandes Scènes historiques du XVIe siècle. — *Reproduction fac-similé du Recueil de gravures* de J. TORTOREL et J. PERRISSIN, publiée sous la direction de M. ALFRED FRANKLIN, administrateur de la Bibliothèque Mazarine, et accompagnée de notices historiques rédigées par les écrivains les plus autorisés, avec fleurons, initiales et culs de lampe dessinés spécialement pour chaque notice par FRANÇOIS EHRMANN. Un volume grand in-folio relié en toile.................... 160 fr.

La France protestante, par EUGÈNE et EMILE HAAG. Deuxième édition entièrement refondue, publiée par HENRI BORDIER. Tomes I à VI contenant *Abadie* à *Gasparin*............................ 72 fr.
Le tome VII est en préparation.

Histoire des Protestants de France, par G. de FÉLICE, continuée depuis 1861 jusqu'au temps actuel par F. BONIFAS, 8e édition. Un volume in-8°.. 4 50

Histoire populaire du Protestantisme français, par N.-A.-F. PUAUX, père. Un volume in-4° avec de nombreux portraits................. 7 fr.

Gaspard de Coligny, amiral de France, par le comte JULES DELABORDE. Trois volumes grand in-8° (*Ouvrage couronné par l'Académie française*).. 45 fr.

François de Chastillon, comte de Coligny, par le même. Un volume grand in-8°... 12 fr.

Henri de Coligny, seigneur de Chastillon, par le même. Un volume grand in-8°... 5 fr.

Louise de Coligny, princesse d'Orange, par le même. 2 volumes grand in-8°.. 30 fr.

Charlotte de Bourbon, princesse d'Orange, par le même. Un volume grand in-8°... 10 fr.

Eléonore de Royé, princesse de Condé, par le même. Un volume grand in-8°.. 7 fr. 50

Les Églises du Refuge en Angleterre, par le baron FERNAND DE SCHICKLER. 3 volumes, grand in-8°... 25 fr.

La jeunesse de Calvin, par ABEL LEFRANC, archiviste-paléographe (*Ouvrage couronné par l'Académie française*). Un volume gr. in-8°.... 6 fr.

La Chambre ardente, étude sur la liberté de conscience en France sous François Ier et Henri II (1540-1550). Suivie d'environ 500 arrêts inédits, rendus par le Parlement de Paris, de mai 1547 à mai 1550. Ouvrage accompagné de gravures et d'un index, et publié pour le premier Centenaire de la Liberté de Conscience, sous les auspices de la Société de l'Histoire du Protestantisme français, par N. WEISS, pasteur, bibliothécaire et rédacteur du Bulletin de la Société. Un volume petit in-8°.. 6 fr.

La Révocation de l'Édit de Nantes à Paris, d'après des documents inédits, par O. DOUEN, 3 volumes grand in-8° tirés à 125 exemplaires sur papier de Hollande...................................... 200 fr.

www.ingramcontent.com/pod-product-compliance
Lightning Source LLC
Chambersburg PA
CBHW070617170426
43200CB00010B/1822